法律专家为民说法系列丛书

法律专家
教您如何打债务官司

刘勇 高阔 编著

吉林文史出版社

图书在版编目（CIP）数据

法律专家教您如何打债务官司 / 刘勇，高阔编著
. — 长春：吉林文史出版社，2015.3
（法律专家为民说法系列丛书 / 张宏伟，吴晓明主编）
ISBN 978-7-5472-2744-2

Ⅰ . ①法… Ⅱ . ①刘… ②高… Ⅲ . ①债权法－案例
－中国 Ⅳ . ①D923.35

中国版本图书馆 CIP 数据核字 (2015) 第 043903 号

法律专家教您如何打债务官司

编　著	刘勇　高阔	
责任编辑	李相梅	
责任校对	宋茜茜	
丛书主编	张宏伟　　吴晓明	
封面设计	清　风	
美术编辑	李丽薇	
出版发行	吉林文史出版社 (长春市人民大街 4646 号)	
	全国新华书店经销	
印　刷	三河市祥宏印务有限公司	
开　本	720mm×1000mm　1/16	
印　张	12	
字　数	100 千字	
标准书号	ISBN 978-7-5472-2744-2	
版　次	2015 年 7 月第 1 版	
印　次	2018 年 6 月第 3 次	
定　价	35.00 元	

如发现印装质量问题，影响阅读，请与印刷厂联系调换。

法律专家为民说法系列丛书

编委会

主　编：

张宏伟　　吴晓明

副主编：

马宏霞　　孙志彤

编　委：

迟　哲	赵　溪	刘　放	郝　义
迟海英	万　菲	秦小佳	王　伟
于秀生	李丽薇	张　萌	胡金明
金　昊	宋英梅	张海洋	韩　丹
刘思研	邢海霞	徐　欣	侯婧文
胡　楠	李春兰	李俊焘	刘　岩
刘　洋	高金凤	蒋琳琳	边德明

PREFACE

【前言】

随着我国法治化进程的发展,以保障公民基本权利,实现公平、正义为核心内容的法治体系已初步建立;在中国市场经济的发展和改革开放进一步深化的大形势下,人们的社会交往越来越密切,经济互动越来越频繁,随之而来的经济纠纷、债务履行等涉及人们日常生活的各式各样的法律问题经常困扰着我们。而当我们遇到法律问题时,我们首先想的是找到相关的法律法规,然后加以正确运用来解决相关的法律问题。在倡导法治的社会,我们每个公民要遵法、守法,更要知法、懂法,以此来维护自己的合法权益,进而更好地维护社会和谐。为此,我们精心编写了本套丛书,希望为读者提供一些法律帮助,为广大人民群众解决发生在自己身边的法律问题提供一些建议,使法律"更进一步"服务大众。

本书根据实际情况,选取人们在日常生活中耳闻目睹,甚至亲身经历的事例来讲解具体的法律知识,具有很强的实务性。本书的目的就是为读者提供法律上的意见和支持,以与百姓生活息息相关的事例为出发点,将大量的法律概念、法律原理通过案例分析表现出来,让读者在不知不觉中学到法律知识。每个案例都是笔者精心挑选的,具有一定的代表性,通过"案例展示""专家解析""专家支招"这三个方面把法律知识详细清楚地展现给读者,通过通俗易懂的语言,根据债权债务领域的最新法律法规,深入浅出地解说法律问题。希望读者通过阅读此书,可以增强自己的法律意识,在遇到债权债务纠纷时,可以给予读者法律意见。

目录
CONTENTS

1.只有借条的大额民间借贷，法院能支持吗？

案例：

小王和小张是朋友关系，两人都从事土方工程承包工作。2011年7月，小张因为工程款没有到位，无法给工人发工资，向小王提出借5万元周转一下，并向小王出具一张5万元借条，因为是好朋友关系，小王没有收下借条就借给小张5万元现金。两年后小张工程生意失败，无钱还款。小王起诉到法院要求小张还钱，小张在法庭上矢口否认小王给过钱。法庭经过审查，没有证据证明小王交付5万元现金给小张，遂判决借款事实不成立。请问，此案例中法院的判决合法吗？小王可以通过什么途径来维护自己的合法权益呢？

专家解析：

根据相关法律规定，民间借贷法律关系的成立需符合形式要件和实质要件。形式要件即达成合意的外在形式，如借条、借款合同、口头约定以及其他可以表明双方借款合意的形式；实质要件即款项的实际交付。

民间借贷案件具有实践性特征，借贷合同的成立，不仅要有当事人的合意，还要有交付钱款的事实。因此，小王与小张之间的权利义务关系的产生，必须以小王履行提供借款义务、给付借款为前提。

民间借贷在安徽地区是非常普遍的，由此引发的司法纠纷也不在少数。2013年，安徽省高级人民法院专门出台了《安徽省高级人民法院关于审理民间借贷纠纷案件若干问题的指导意见》，第六条规定，民间借贷合同自出借人将资金或支付凭证交付给借款人时生效。第十三条规定,出借人主张现金支付的,应当提供相应的证据予以证明。人民法院应当根据借贷金额大小、款项交付、出借人的经济能力、交易细节、交易习惯、出借人与借款人的关系亲疏程度等因素,综合判断借贷事实是否发生。因此,法院在查明没有证据能证明小王交付 5 万元现金给小张的事实,判决借款不成立是正确的。

专家支招:

大额借款应尽量避免现金交付,如果通过银行转账,就有了相应的付款凭证,可作为日后的证据。如果用现金交付,那么在交付现金之后,要求借款人出具现金收条,注明现金交付的原因、时间、地点、款项来源、用途等,这样就可以证明借款事实成立。

2.借条上没有写明还款日期,诉讼时效多长时间?

案例:

小王和小张是朋友关系,两人都是从事土方工程承包工作,2011年7月,小张因为工程款没有到位,无法给工人发工资,向小王提出借5 万元周转一下,并向小王出具一张 5 万元借条,但借条没有写明还款期限,请问,小王是否可以随时要求小张还款,诉讼时效是多长时间?

专家解析:

借条形成的原因是特定的借款事实,债务人小张未在借条中写明具体偿还日期,只是属于小王小张双方对此债务的履行约定不明。《中华人民共和国民法通则》第八十八条第二款第二项规定:"履行期限不明确的,债务人可以随时向债权人履行义务,债权人可以随时要求债务人履行义务,但应当给对方必要的准备时间。"因此小王随时可以向小张主张还款,但应给小张一个合理的准备时间。

第一百三十七条规定:"诉讼时效期间从知道或者应当知道权利被侵害时计算。但是,从权利被侵害之日起超过二十年的,人民法院不予保护。有特殊情况的,人民法院可以延长诉讼时效期间。"第一百四十条规定:"诉讼时效因提起诉讼、当事人一方提出要求或者同意履行义务而中断。从中断时起,诉讼时效期间重新计算。"由此可见,债权人将自己的钱款借给债务人时,其权利不可能受到债务人的侵害,债权人的权利只有在其要求债务人偿还而被债务人拒绝时才被侵害,诉讼时效期间应从债务人拒绝偿还之次日起开始计算,诉讼时效期间为两年,所以没有注明还款时间的借条是没有时效的问题,注明还款日期或债务人拒绝还款才有两年诉讼时效的问题。

专家支招:

借款合同,双方当事人一般约定一个还款期限,这样有助于提醒债务人要及时还款,同时债权人也要注意约定还款期限,到期后就开始诉讼时效时间的计算,债权人及时催还,以免过了诉讼时效,另外催讨借款时,最好用邮寄催款函等书面形式,为以后维权作为时效中断的证据。

3.朋友借款5万,把借条写成欠条,有区别吗?

❀　　❀　　❀

案例:

张某与徐某是朋友关系,徐某向张某借款5万元,碍于朋友面子,张某借给徐某 5 万元,徐某给张某写了张欠条,借条和欠条有区别吗?

专家解析:

欠条是债务人应当向债权人履行债务时,由于其自身原因不能按时偿还而向债权人出具的债权凭证。

借条是借、贷双方在设立权利义务关系时,由债务人向债权人出具的债权凭证,其区别有以下几个方面:

第一,借条形成的原因是特定的借款事实。欠条形成的原因很多,可以基于多种事实而产生,如因买卖产生的欠款,因劳务产生的欠款,因企业承包产生的欠款,因损害赔偿产生的欠款,等等。

第二,基于借条或者欠条引起的纠纷,在诉讼过程中,人民法院要依据不同的法律对借条或者欠条载明的权利义务的合法性进行审查。由于借条是基于借贷关系而形成的,按照《中华人民共和国民法通则》第九十条关于"合法的借贷关系受法律保护"的规定,在钱款借贷中,诸如"驴打滚""利滚利"等高利贷行为违反了法律、法规的禁止性规定,由此所形成的借条产生无效民事行为的法律后果,不能成为权利主体主张权利的凭证。欠条主要发生在买卖、赊销等交易活动过程中,欠条载明的权利能否受法律保护,关键是看交易行为是否符合法律、法规的规定,违背国家禁止性规定从事的交易行为无效(《中华人民共和国合同法》第五十二条第三项规定:以合法形式掩盖非法目的的合同无效)。如赌博负债形成的欠条依法也不能成为权利主体主张权利的凭证。

第三,在未注明偿还日期的情况下,二者的诉讼时效期间的起始时间是不同的。约定了还款期的借条和欠条,时效是一样的,诉讼时效期是约定期后的两年;没有约定还款期的借条和欠条,则是有区别的。债务人在向债权人出具欠条时,诉讼时效期间从出具欠条之次日开始计算,诉讼时效期间两年。借条是没有时效问题的。

专家支招：

　　生活中，很多人对借条与欠条的法律含义缺乏应有的认识，致使在出具条据时，误将借条写成欠条，或者误将欠条写成借条的情况时有发生。在本案中，张某一定要让徐某写个借条，在借条上还要有借款人（身份证号）、欠款人（身份证号）、借款时间、借款地点、借款金额（金额大写）、还款时间、签字、捺指纹、盖章等基本项目，以便出现纠纷时更好地维权。

4.买卖合同定金和违约金同时存在，怎样主张最有利？

❀　　❀　　❀

案例：

　　甲公司与乙公司依法订立一份总货款为 20 万元的购销合同。合同约定违约金为货款总值的 10%。同时，甲公司向乙公司给付定金10000元，后乙公司违约，给甲公司造成损失 3 万元。甲公司依法向乙公司要求赔偿多少才能最大保护自己的利益并得到法律支持？

专家解析：

　　首先分析一下损害赔偿金、违约金、定金的性质。

　　(1)损害赔偿，又称违约损害赔偿，是指违约方因不履行或者不完全履行合同义务而给对方造成损失，依法和依据合同的规定应承担损害赔偿的责任。损害赔偿原则上仅具有补偿性而不具有惩罚性。

　　(2)违约金，是指当事人预先设定的，在一方违约后做出的独立于履行行为以外的给付。违约金主要具有补偿性特征，同时兼有惩罚性。

（3）定金，是指合同当事人为了确保合同的履行，依据法律或者合同的规定，由一方按合同标的额的一定比例预先给付的金钱。定金包括立约定金、成约定金、解约定金和证约定金等。定金的数额不得超过主合同标的额的 20%。定金罚则是一种惩罚性规定，目的在于督促当事人正确、积极行使权利。

通过以上分析可以看出，定金、违约金与损害赔偿金是三种不同的责任形式，《合同法》第一百一十六条规定："当事人既约定违约金，又约定定金的，一方违约时，对方可以选择使用违约金或者定金条款。"同时第一百一十四条第二款规定："约定的违约金低于造成的损失的，当事人可以请求人民法院或者仲裁机构予以增加；约定的违约金过分高于造成的损失的，当事人可以请求人民法院或者仲裁机构予以适当减少。"我国《合同法》所规定的定金在性质上属于违约定金，适用于债务不履行的行为或其他根本违约行为。同时，定金责任是一种独立于其他责任形式的制裁措施（具有惩罚性），这一点可以从双倍返还中体现出来。而且，定金的适用不以实际发生的损害为前提，定金责任的承担不能替代损害赔偿。赔偿损失，又称违约损害赔偿，根据《合同法》第一百零七条规定："违约方因不履行或不完全履行合同义务而给对方造成损害，依法和依据合同的规定应承担损害赔偿的责任。

专家支招：

我国《合同法》第一百一十四条规定了违约金可以与损害赔偿并用，并有一定的限制。但没有规定定金与损害赔偿能否同时使用的问题，从理论上讲，两者并用是符合《合同法》原理的，因为二者是相互独立的责任形式，从法律实践中看，已有很多案例支持了这种观点。因此本案中，甲公司可以要求乙公司赔偿损失 3 万元，双倍返还定金 2 万元。

5.当事人向法院要求调低违约金,法院一定支持吗?

案例:

甲乙双方签订买卖合同,双方合同约定,任何一方违约都要向对方支付违约金48000元。后来在履行合同中,甲方违约,给乙方造成实际损失4万元。现甲方只答应赔偿乙方的实际损失,乙方坚持要求甲方按照双方约定的违约金数额进行赔偿。双方达不成一致意见,遂起诉到人民法院。请问:

(1)乙方要求按照约定的违约金进行赔偿,法院支持吗?

(2)如甲方以违约金高于实际损失,请求法院适当减少,法院支持吗?

专家解析:

违约金,是指当事人预先设定的,在一方违约后做出的独立于履行行为以外的给付。违约金主要具有补偿性特征,同时兼有惩罚性。《中华人民共和国合同法》第一百一十四条规定:"当事人可以约定一方违约时应当根据违约情况向对方支付一定数额的违约金,也可以约定因违约产生的损失赔偿额的计算方法。约定的违约金低于造成的损失的,当事人可以请求人民法院或者仲裁机构予以增加;约定的违约金过分高于造成的损失的,当事人可以请求人民法院或者仲裁机构予以适当减少。"它的支付数额是根据违约情况确定的,如果当事人约定的违约金数额低于违约造成的损失,当事人可以请求人民法院和仲裁机构予以适当增加,以使违约金与实际损失大体相当;而只有违约金"过分高于"

实际损失时,才可以请求人民法院和仲裁机构予以适当减少。

专家支招:

　　根据《中华人民共和国合同法》的相关规定,本案乙公司可以按照约定违约金向甲方要求赔偿。本案中,违约金比实际损失多了8000元,称不上"过分高于实际损失",因此应按照约定的违约金数额进行赔偿,甲方请求适当减少当然得不到法院的支持。

6.欠债期间,债务人无偿转移财产怎么办?

案例:

　　王某欠刘某货款40万元,双方约定于2009年10月1日前偿还。2009年8月,王某将自己名下的商品房无偿转让给自己的侄女夏某,并签订了赠予合同,接着就办理了过户手续。2007年10月,当刘某向王某索要货款时,王某以没有钱为由不肯偿还。

　　请问,王某赠予夏某商品房的行为有效吗?

专家解析:

　　《中华人民共和国合同法》第七十四条规定:"因债务人放弃其到期债权或者无偿转让财产,对债权人造成损害的,债权人可以请求人民法院撤销债务人的行为。债务人以明显不合理的低价转让财产,对债权人造成损害,并且受让人知道该情形的,债权人也可以请求人民法院撤销债务人的行为。"第七十五条规定:"撤销权自债权人知道或者应当知道撤销事由之日起一年内行使。自债务人的行为发生之日起五年内没有行使撤销权的,该撤销权消灭。"

撤销权为债的保全措施,其具有以下特点:(1)撤销权为实体法上的权利,但撤销权与一般实体法上的权利不同,其不能直接向债务人或第三人行使,而只能通过向法院提起诉讼的方式行使。(2)撤销权为形成权,其行使的目的在于撤销债务人所做出的对债权人不利的行为,以恢复债务人的财产状况。(3)撤销权为附属于债权的从权利,其不得与债权相分离,债权让予时,撤销权与债权一起转移。

撤销权的行使从客观方面看,应该具备以下条件:(1)债务人有使自己的财产减少或负担增加的行为。包括放弃到期债权、无偿转让财产、以明显不合理的低价转让财产等。(2)债务人的行为发生在债权成立之后,并已经发生法律效力。如果在债权成立之前发生上述行为,此时债权尚不存在,不能认为该行为对债权造成损害。且债务人为上述处分行为后债权人仍与债务人发生法律关系,表明债权人愿意承担债权不能实现的风险,自不得请求撤销债务人发生在先的行为,所以债务人的行为必须发生在债权有效成立之后。同时,债务人的行为须已经发生法律效力,如果债务人的行为未发生法律效力,或者根本不会发生法律效力(例如属于无效民事行为),债务人的财产所有权并未发生转移,则债权人无须通过行使撤销权保全自己的债权,而可以请求法院宣告债务人的行为为无效民事行为。所以,债权人只能撤销债务人与第三人间的有效行为。(3)债务人的行为危害债权。债务人的行为危害债权,是指债务人的行为会导致其作为债权担保的责任财产减少,使债权人的债权有不能实现的危险。

专家支招:

王某赠予夏某商品房的行为无效,刘某应向法院起诉请求撤销王某对夏某的赠与。《中华人民共和国合同法》第七十四条规定:"因债务人放弃其到期债权或者无偿转让财产,对债权人造成损害的,债权人可以请求人民法院撤销债务人的行为。债务人以明显不合理的低价转让财产,对债权人造成损害,并且受让人知道该情形的,债权人也可以请求人民法院撤销债务人的行为。"本案中,王某以无钱为由拒不还债,这说明王某无偿赠予夏某商品房,导致王某不能向刘某清偿债务,可以认定王某无偿赠予夏某商品房的行为是为了逃避到期债务的无效民事行为,依法应予撤销。

7.借条上没有约定利息,能向债务人主张吗?

案例:

　　小王和小张是朋友关系,两人都从事土方工程承包工作。2011 年 7 月,小张因为工程款没有到位,无法给工人发工资,向小王提出借 5 万元周转一下,并向小王出具一张 5 万元的借条,但借条没有写明还款期限,也没有约定利息。一年后,小王要求小张还款,并要求支付月利 1 分的利息。小张拒绝,遂诉讼到法院。请问小张需要立即还钱吗? 小王要求小张支付月利利息,有法律依据吗?

专家解析:

　　根据《合同法》第二百一十一条第一款规定,"自然人之间的借款合同对支付利息没有约定或者约定不明确的,视为不支付利息",民间借贷只有双方事先在书面或口头协议中约定为有息借款,出借人才能要求借款人在还本时支付利息;否则,一律视为无息借款,出借人不得要求借款人支付利息。

再者,根据《合同法》第二百一十一条第二款规定,"自然人之间的借款合同约定支付利息的,借款的利率不得违反国家有关限制借款利率的规定",以及《若干意见》规定,"民间借贷的利率可以适当高于银行的利率,但最高不得超过银行同类贷款利率的四倍",民间借贷不得超过央行基准贷款利率的四倍(包含利率本数),超过部分不受法律保护。

根据《合同法》第二百零六条规定,借款人应当按照规定的期限内返还借款。对借款期限没有规定或者约定不明确,依照本法第六十一条的规定仍不能确定的,借款人可以随时返还;出借人可以催告借款人在合理期限内返还。第一款规定没有约定时间应当依据本法第六十一条的规定来确定,即当事人可以就还款期限一事进行协商,达成补充协议。对于不能达成补充协议的,可以按照合同有关条款或者当事人之间的交易习惯来确定。如果按照以上规定依然不能确定的,那么,借款人可以随时返还借款。出借人也有权向借款人发出催告,要求其在合理的期限内返还借款。本条对出借人催告借款人还款的"合理期限"未做出明确的规定,主要是考虑到金融机构和一般自然人作为贷款人时,对借款的返还期限的要求是不同的,规定统一的还款期限不能适应不同的情况。因此,该合理期限由贷款人根据具体情况来确定。在发生纠纷时,司法机关亦可以根据具体的情况来判定该期间是否合理。

专家支招:

首先,根据《合同法》第二百零六条规定,小王随时可以要求小张还款,但必须给小张一个合理的准备时间。小王一开始就主张月利1分的利息没有法律依据,因为根据《合同法》第二百一十一条规定,借条上没有约定支付利息视为无息借款,出借人不得要求借款人支付利息。但经过催告后,小张没有在合理期限偿还借款,此时小王可以主张逾期还款的利息损失,具体的利率参照中国人民银行同期类贷款基准利率。

8.借条上有第三人签名,算是担保吗?

案例:

2013 年 2 月 20 日,李某因资金周转需要向小王借款 10 万元,写下借条后,田某也在借条下空白处签了字。约定的还款期限届满后,李某未能偿还借款。多次索要无果后,小王将李某和田某告上法庭,请求判令李某归还借款,田某承担连带清偿责任。为证明自己的主张,小王向法院提交借条一份,借条上除有李某签字外,"保证人"处有田某的签字。田某主张借条上的"保证人"三字为原告事后添加,当时其仅以见证人的名义签字,自己不应对该笔债务承担连带责任。

专家解析:

根据《中华人民共和国担保法》的相关规定,"债的担保,是指法律为保证特定债权人利益的实现而特别规定的以第三人的信用或者以特定财产保障债务人履行债务,债权人实现权利的制度"。"保证,是指债务人以外的第三人以其信用担保债务人履行债务的担保方式或法律制度"。民间借贷关系中,个人证明,见证其债权、债务发生的人是见证人。担保人、保证人、见证人因其性质、关系不同,而承担的法律责任也有很大区别。因此,在借款合同、民间借贷关系中,以担保人、保证人、见证人的身份签名的,都必须在其姓名前注明身份或明确约定,否则将承担约定不明确或相应的法律责任。本案中,田某为何在借条上签名的问题上与当事人的陈述相互矛盾,田某称自己与李某只是普通朋友,是李某叫其在借条上签个名字,证实一下有这件事情;而李某陈述田某事先已经知道借款之事,在借条上签名是因为王某要求提供保证人才同意借款。且田某虽然以自己是见证人提出抗辩,并提出"保证人"是王某事后添加上去的,但未向法庭提供其主张的任何证据。再者,田某作为具有完全民事行为能力的人,知道也应当知道作为担保人、保证人、见证人签字与借款人签字在法律上应承担不同的法律责任和后果。而其在亲笔书写的借条上签名时,应看清或者注明自己为保证人或见证人,在保证人处签名,表明了其担保责任。据此,田某在李某借条上签字应认定为保证人,承担连带还款责任。

专家支招:

一般情况下,在借条上签字可能存在三种身份:借款人、保证人或见证人。而这几类人因其性质、关系等不同,所要承担的法律责任也有着很大区别。但是无论是何种身份,签字时均应明示自己是何种身份,即应做出明确的意思表示,否则不能就此推定签字人的实际身份即签字人不应承担任何责任。根据最高人民法院《关于民事诉讼证据的若干规定》第二条规定,当事人对自己提出的诉讼请求所依据的事实或者反驳对方诉讼请求所依据的事实有责任提供证据加以证明。没有证据或者证据不足以证明当事人的事实主张的,由负有举证责任的当事人承担不利后果。田某提出抗辩,但没有提出任何证据,只能承担保证人的责任。

9.欠条过了时效期间,法院就不支持了吗?

❀   ❀   ❀

案例:

2010年9月1日,王先生借给朋友赵先生10000元钱,当时赵先生给王先生写了欠条。事后王先生多次催朋友赵先生还钱，都被赵先生以各种理由拒绝了。今年11月5日，王先生再次催赵先生还钱时，赵先生说欠条已经过期，他可以不还王先生钱了，王先生该怎么办？王先生到法院起诉要求赵先生还钱，法院受理吗？法院最终会支持王先生的诉讼请求吗？

专家解析：

根据《最高人民法院关于审理民事案件适用诉讼时效制度若干问题的规定》第三条："当事人未提出诉讼时效抗辩，人民法院不应对诉讼时效问题进行释明及主动适用诉讼时效的规定进行裁判。"所以王先生到法院起诉赵先生，法院会受理的，至于法院最终能否支持王先生的诉讼请求，那要看赵先生是否提出诉讼时效的抗辩，依我国《民法通则》第一百三十五条的规定，一般诉讼时效期间为二年。特殊诉讼时效是指由民法典或单行民事法律、法规规定的，适用于某些特殊民事权利的诉讼时效。另外除两种诉讼时效外，我国《民法通则》第一百三十七条还规定，从权利被侵害之日起超过二十年，人民法院不予保护。本案中，由于当事人所掌握的欠条没有写明还款日期，诉讼时效保护期按照两年计算。不过这种情况下可以搜集证据恢复效力。比如让当事人重写一张欠条；或者打电话向欠款人催讨，通过录音等方式保留证据，只要对方承认欠款，而你又向他主张权利了，这个时候诉讼时效将重新计算，法院会支持王先生的诉请，赵先生就必须偿还借款。

专家支招：

从法律上讲，没有欠条过期的说法，只有过了诉讼时效的说法。本案中，王先生是直接借款给赵先生，是特定的借款事实，应该要求赵先生出具借条，而欠条形成的原因很多，可以基于多种事实而产生，如因买卖产生的欠款，因劳务产生的欠款，因企业承包产生的欠款，因损害赔偿产生的欠款,等等。没有写明还款日期的借条和欠条的时效问题是不一样的:欠条的时效是形成时间后二年,而借条则没有时效的问题。正常的债权债务关系有二年的诉讼时效,过了诉讼时效,法院将不支持。但在二年内,只要债权人主张过债权,诉讼时效就将重新计算。如果王先生能证明自己曾多次向朋友讨要欠款,那么他的诉讼时效应该还没过,他的诉讼请求会得到法院的支持。

10.怎样防范欠条时效问题?

案例:

2012 年 10 月 1 日,王先生借给朋友赵先生 20000 元钱,当时赵先生给王先生写了欠条,但没有注明还款时间。事后王先生多次催赵先生还钱,都被赵先生以各种理由拒绝了,王先生听说欠条 2 年后就过时效了,请问怎样才能防范时效的问题?

专家解析:

我国的诉讼时效即消灭时效,是指权利人在法定期间内不行使请求权,即丧失依诉讼程序强制义务人履行义务的权利的法律制度。诉讼时效的成立,须具备两个条件:一是必须有权利人不行使请求权的事实;二是不行使请求权的事实状态必须过法定期间。诉讼时效按其适用范围和期间不同,可分为一般诉讼时效和特殊诉讼时效。依我国《民法通则》第一百三十五条的规定,一般诉讼时效期间为二年。特殊诉讼时效是指由民法典或单行民事法律、法规规定的,适用于某些特殊民事权利的诉讼时效。另外除两种诉讼时效外,我国《民法通则》第一百三十七条还规定,从权利被侵害之日起超过二十年,人民法院不予保护。

对于有还款日期的欠条,根据《民法通则》第一百三十五条:"向人民法院请求保护民事权利的诉讼时效期间为二年,法律另有规定的除外。"应从约定还款最后一日的次日起计算。分批还款的分别计算。如果在还款日期满两年内,有证据证明债权人曾向债务人主张权利,即主张债权,诉讼时效中断,从主张之日起诉讼时效重新计算两年。

对于无还款日期欠条的诉讼时效期间的起算是大不相同的。此案是民间借贷,根据《合同法》第六十二条:"当事人就有关合同内容约定不明确,依照本法第六十一条的规定仍不能确定的,适用下列规定:履行期限不明确的,债务人可以随时履行,债权人也可以随时要求履行,但应当给对方必要的准备时间。"如是基于其他法律关系形成的欠条则分为:1.若约定有交易款的履行期限,如"货到付款"或双方约定货款于某时付清,当履行期限届满后,债务人未履行义务而出具了没有还款日期的欠条,这种情况属于诉讼时效的中断,根据《民法通则》第一百四十条:"诉讼时效因提起诉讼、当事人一方提出要求或者同意履行义务而中断。从中断时起,诉讼时效期间重新计算。"应当适用最高人民法院法复〔1994〕3号批复的规定,诉讼时效期间应从债权人收到债务人所写欠款条之日的第二天开始重新计算。2.若未约定过交易款的履行期限,在交易时未支付价款而向债权人出具没有还款日期的欠款条,则应适用最高法院〔2005〕民二他字第35号批复的规定,即诉讼时效期间应从债权人主张权利时起算。根据《民法通则》第一百三十七条"诉讼时效期间从知道或者应当知道权利被侵害时起计算。但是,从权利被侵害之日起超过二十年的,人民法院不予保护。有特殊情况的,人民法院可以延长诉讼时效期间"的规定,这种情况在实际操作中诉讼时效按二十年计算。

《最高人民法院关于审理民事案件适用诉讼时效制度若干问题的

规定》第三条规定："当事人未提出诉讼时效抗辩,人民法院不应对诉讼时效问题进行释明及主动适用诉讼时效的规定进行裁判。"第四条规定："当事人在一审期间未提出诉讼时效抗辩,在二审期间提出的,人民法院不予支持,但其基于新的证据能够证明对方当事人的请求权已过诉讼时效期间的情形除外。当事人未按照前款规定提出诉讼时效抗辩,以诉讼时效期间届满为由申请再审或者提出再审抗辩的,人民法院不予支持。"对没有提出诉讼时效抗辩的案件,审理中不予考虑诉讼时效问题。

欠条的诉讼时效期间中断还有几种法定事由:1.起诉。起诉是指权利人向人民法院提起诉讼,请求法院保护自己的民事权利。需要注意的是根据《最高人民法院关于审理民事案件适用诉讼时效制度若干问题的规定》第十二条、十三条的规定,起诉撤诉、申请仲裁、支付令等也会引起诉讼时效的中断。2.请求。请求是指权利人直接要求义务人履行的意思表示。对于请求的事实,应由权利人负责举证证明。3.承认。承认是指义务人向权利人承认权利存在并愿意履行义务的意思表示。承认原则上应由义务人本人或代理人向权利人本人或代理人做出,对第三人所做的愿意履行义务的表示,不发生诉讼时效中断的效果。承认的行使,可以是直接承认权利存在,愿意履行义务,也可以是能够证明义务人所负义务的行为。

专家支招:

本案中为了防范在朋友欠款期间过了诉讼时效,就要注意诉讼时效期间中断,比如打电话向欠款人催讨,通过录音等方式保留下证据,或者直接用邮寄催款函的方式,只要欠款人签收了邮寄的催款函,就得到时效中断的效果。如果欠款长时间达不到偿还,那么双方再协商确定一个具体还款时间,或者再重新书写欠条,从而避免欠条过了诉讼时效的问题。

11.欠条或借条上数额大写与小写不一致怎么办?

案例:

2003年至2009年8月间,刘某系某公司业务员,为某公司从事酒类推广、促销、送货、代收货款等活动。期间,某公司多次与文某有业务往来,其业务由刘某负责。

2009年6月16日,刘某给文某送货,因货不够,便以自己的名义向被告出具欠条一张,写明"欠某公司38°堆花陆拾件正(60件),50°堆花贰拾件正(25件)。"庭审中,被告认为原告欠的50°堆花实际是20件。

一审法院认为,2009年6月16日,刘某以自己的名义向文某出具欠条,是职务行为,该欠条效力应归属于某公司。欠条虽存在酒品数量上大、小写不一致的瑕疵,但原告提供的相反证据(刘某、周某的证人证言)并不足以推翻该欠条,法院予以确认该欠条的证明力。文某对欠条疏于审查,现自愿承受对其不利的解释,即认为某公司实欠50°堆花酒20件,而不是25件,因此,可以认定原告实欠被告38°堆花60件,50°堆花20件。结合出库单上同种类堆花酒的价格,核定货款为8600元。根据《中华人民共和国合同法》《最高人民法院关于民事诉讼证据的若干规定》的相关规定,遂做出以上判决。

专家解析:

现行法律对借条或欠条上的大小写数额不一致时如何认定并无明文规定,但是按照惯例,对于具体金额的认定,通常是按大写数额来认定。这是因为，根据人们的通常习惯，在进行金钱交易时，一般均会书写大写金额，由于大写金额字形较复杂，书写时精力比较集中，不容易出错，写错的概率是很低的，而小写容易被篡改，比大写金额可靠性差很多，因此大写、小写不一致时，如果没有其他相反的证据，一般就以大写为准。

专家支招：

　　欠条是债务人应当向债权人履行债务时，由于其自身原因不能按时偿还而向债权人出具的债权凭证。欠条形成的原因很多，可以基于多种事实而产生，如因买卖产生的欠款，因劳务产生的欠款，因企业承包产生的欠款，因损害赔偿产生的欠款，等等。

　　借条是借、贷双方在设立权利义务关系时，由债务人向债权人出具的债权凭证，借条形成的原因是特定的借款事实。不管是借条还是欠条，如果出现大小写数额不一致时，这时首先要找形成这个债权债务的客观事实及产生债权债务过程中留下的相应证据，如借款有银行转账凭证，交付货物的数量及单价，这样结合借条等相互印证来确定准确的数额。

12.债务人死亡后，其继承人有义务承担还债责任吗？

案例：

　　小王和小张是朋友关系，2011年7月，小张向小王提出借5万元周转一下，并向小王出具一张5万元借条，但借条没有写明还款期限，2012年年底，小张意外身亡，小张与妻子蒋某育有一子，小张父母张某

与夏某都健在,请问:

(1)小王现在向蒋某主张偿还债务可以吗?

(2)小王向小张妻、子、父、母主张共同偿还债务合适吗?

专家解析:

(1)构成夫妻共同债务的情形《中华人民共和国婚姻法》第十九条第三款规定:"夫妻对婚姻关系存续期间所得的财产约定归各自所有的,夫或妻一方对外所负的债务,第三人知道该约定的,以夫或妻一方所有的财产清偿。"根据反向解释规则,夫妻实行共同财产制或虽实行个人财产制但第三人不知道其约定的,均为夫妻共同债务。死亡债务人配偶承担连带责任,对此,《最高人民法院关于适用〈中华人民共和国婚姻法〉若干问题的解释(二)》第二十六条规定:"夫或妻一方死亡的,生存一方应当对婚姻关系存续期间的共同债务承担连带清偿责任。"

(2)如果债务不属于夫妻共同债务,死亡债务人的继承人,理想状态下,当遗产含有外债时,应用遗产对全部债务清偿后再析产,从而确定遗产净值后继承。但实际情况较上述状态要复杂得多。夫妻一方仍生存的,子女不主张继承权,现实生活中这种情况也不少见。而是否析产、继承,又是纯粹意义上的私权行为,债权人不能提起继承之诉,法院也不能强制进行继承。对是否将继承人作为案件当事人、作为当事人后如何承担责任等问题,司法实践中做法比较混乱,请求权基础无非有二,一是法律规范基础,二是事实基础。继承人承担偿还责任的法律规范基础是《中华人民共和国继承法》第三十三条:"继承遗产应当清偿被继承人依法应当缴纳的税款和债务,缴纳税款和清偿债务以他的遗产实际价值为限。超过遗产实际价值部分,继承人自愿偿还的不在此限。继承人放弃继承的,对被继承人依法应当缴纳的税款和债务可以不负偿还责任。"从该规定看,继承人是否承担偿还责任的事实基础是其是否继承了遗产。这里的"继承",是指诉讼时已经发生并经证明存在的继承,而不是可能存在的继承或者将来可能、必然发生的继承。由于继承是家庭内部行为,外人很难知悉遗产范围以及是否继承,所以司法实践中常有这样的判决:"各继承人在继承遗产的范围内承担还款责任"。这样的判决是错误的,对其正确与否进行判断,不可避免地要涉及案件的审理范围这一问题。

具体到此类案件中,继承人是否继承及其继承的份额,恰恰是"对事实的调查、确认与识别",所以应在审理阶段完成。但遗产的范围、夫妻共同财产的范围,因其是财产的一般担保即责任财产而不是确定责任的事实,所以不是审理阶段应进行调查的内容,这是执行阶段应解决的问题。如前所述,债权人对继承这一事实很难举证证明,但无论如何难,都不能因此否认它是诉讼阶段应予以解决的问题。究其实质,是证明责任的问题,能证明存在继承,则债权保障强,如不能证明,债权保障就弱一些。应不应进行调查,是过程;而能否查清,是结果。这一点与普通的债权、债务的确认并无本质上的区别。

《最高人民法院关于适用〈中华人民共和国民事诉讼法〉若干问题的意见》第五十七条规定:"必须共同进行诉讼的当事人没有参加诉讼的,人民法院应当依照民事诉讼法第一百一十九条的规定,通知其参加;当事人也可以向人民法院申请追加。人民法院对当事人提出的申请,应当进行审查,申请无理的,裁定驳回;申请有理的,书面通知被追加的当事人参加诉讼。"从上述规定看,法院必须追加其他继承人作为被告参加诉讼。另外,作为遗产继承人有知情权,即知道遗产面临着怎样的债务;保留有纪念意义遗产的权利(其前提是不能损害债权人的利益)。从这个角度看,继承人也有权利知道诉讼情况。

结合对继承人承担债务事实基础的分析,有些情况下追加进来的继承人可能根本不承担责任,例如放弃继承、继承没有发生,对此,可能债权人也不主张追加继承人为被告。所以,对该问题,法院对债权人行使阐明权,由其根据对继承证据的掌握情况决定是否追加,这样,也是对债权人处分权的尊重。同时对继承人告知诉讼情况,以保障其知情权,由其决定是否参加诉讼。

专家支招：

债务人死亡后,债权人起诉主张债权的情形在司法实践中并不少见,但对诉讼主体的确定、案件的审理范围及责任的确定,实践中的处理却不一而足。如有证据证明属于夫妻共同债务,《最高人民法院关于适用〈中华人民共和国婚姻法〉若干问题的解释(二)》第二十六条规定:"夫或妻一方死亡的,生存一方应当对婚姻关系存续期间的共同债务承担连带清偿责任。"小王直接向蒋某主张偿还债务最为简单可行。如不能作为夫妻共同债务,起诉继承人承担债务,牵涉到继承人、受遗赠人、继承参与人和他们相互之间以及他们与原告(债权人)、集体组织、其他公民之间所发生的析产、遗产管理、清偿债务、继承、遗赠等权利义务关系。在本案中,具体诉讼中适格的被告是谁,四个继承人是否一起作为被告,应具体情况具体分析。《继承法》第三十三条规定:"继承遗产应当清偿被继承人依法应当缴纳的税款和债务。"这一规定与我国民法的权利与义务一致原则相适应。同时,我国的财产继承制度在处理继承人继承被继承人的债权和债务时,采取限定继承的原则,继承人对于被继承人所欠的债务和税款,限定在继承人所继承遗产的范围之内负责清偿,对于超过继承人所继承遗产价值总额的部分,继承人可以不负清偿的责任。

13.未成年子女在外借债,父母有义务偿还吗?

❋ ❋ ❋

案例：

2009年5月初,在校中学生小付向学校附近的饭店老板周某借现金1500元，由于周某与小付父亲相熟，以前小付借过多次，均是几十元、几百元，小付都能按时返还，这回数额大了些，周某还是借给了他。双方"约定"两个月以内归还。

之后，小付将所借款全部用于上网和请同学吃饭。还款期届满后，周某多次向小付索要未果，无奈之下，周某转向小付的父亲付某索要，付某以儿子借钱时未经父母同意为由而拒付。

2010年3月初，周某诉到法院，要求判令被告小付偿还借款，承担诉讼费用。法院审理认为，周某明知被告为未成年人，而碍于情面借钱给他，具有一定过错，应负一定的责任；小付在未经其监护人同意的情况下向他人借钱，属无效民事行为。故法院依法做出判决：被告所借原告款1500元由原告自行负担300元；其余欠款，被告在判决书生效之日起10日内一次性付给原告，被告无力偿还期间，由其监护人偿还。

专家解析：

根据我国《民法通则》和《合同法》的相关规定，未成年人进行的交易行为可以分为三种情形：（1）未成年人进行的纯获利益的交易行为（比如接受赠予），应当认定为有效；（2）未成年人进行的与其年龄、智力状况相适应的交易行为，应当认定为有效；（3）未成年人进行的其他交易行为，法律效力待定，如果其法定代理人追认，应当认定为有效；如果其法定代理人不予追认或者法定代理人经相对人催告在一个月内未做表示，应当认定交易行为无效。关于未成年人的民事行为能力，《民法通则》第十二条规定："十周岁以上的未成年人是限制民事行为能力人，可以进行与他的年龄、智力相适应的民事活动；其他民事活动由他的法定代理人代理，或者征得他的法定代理人同意。"

关于未成年人进行的行为是否与其年龄、智力状况相适应，《最高人民法院关于执行〈中华人民共和国民法通则〉若干问题的意见》第三条做出了进一步的解释："十周岁以上的未成年人进行的民事活动是否与其年龄、智力状况相适应,可以从行为与本人生活相关联的程度、本人的智力能否理解其行为,并预见相应的行为后果,以及标的数额等方面认定。"这就是说,限制民事行为能力人通常只能实施一些与本人生活或学习相关、本人智力能够理解并预见其相应的后果以及行为标的数额不大的民事行为。如果其实施的民事行为与其年龄、智力不相适应,则应当确认为无效民事行为,没有法律效力。

据此,本案根据《民法通则》第六十一条规定,民事行为被确认无效后,当事人因该行为取得的财产,应当返还受损失的一方;有过错的一方应当赔偿对方因此所受的损失;双方都有过错的,应当各自承担相应的责任。中学生小付是限制民事行为能力人,他未经父母同意向原告借钱且数额较大,显然与他的年龄、智力不相适应,因而其借款行为属无效民事行为,应由其父母承担相应的责任,即有义务为被监护人偿还借款。而原告明知被告借钱未征得其父母同意,仍然出借,也有一定的过错,故也应负一定的责任。

专家支招:

《民法通则》第十二条规定:"十周岁以上的未成年人是限制民事行为能力人,可以进行与他的年龄、智力相适应的民事活动;其他民事活动由他的法定代理人代理,或者征得他的法定代理人的同意。"第五十八条规定:"限制民事行为能力人依法不能独立实施的",民事行为无效;"无效的民事行为从行为开始起就没有法律约束力"。关于未成年人进行的行为是否与其年龄、智力状况相适应,《最高人民法院关于执行〈中华人民共和国民法通则〉若干问题的意见》第三条做出了进一步的解释:"十周岁以上的未成年人进行的民事活动是否与其年龄、智力状况相适应,可以从行为与本人生活相关联的程度、本人的智力能否理解其行为,并预见相应的行为后果,以及标的数额等方面认定。"这就是说,限制民事行为能力人通常只能实施一些与本人生活或学习相关、本人智力能够理解并预见其相应的后果以及行为标的数额不大的民事行为。《合同法》第四十七条规定:"限制民事行为能力人订立的合同,经法定代理人追认后,该合同有效,但纯获利益的合同或者与其年龄、智力、精神健康状况相适应而订立的合同,不必经法定代理人追认。相对人可以催告法定代理人在一个月内予以追认。法定代理人未做表示的,视为拒绝追认。合同被追认之前,善意相对人有撤销的权利。撤销应当以通知的方式做出。"因此,借款人是未成年人,超出其年龄、智力水平,应当认定借款行为是无效民事行为,依法不发生法律效力;借款人应当将其因无效借贷行为取得的款项返还给出借人。

14.夫妻一方在外大额举债,另一方需要承担还贷责任吗?

案例:

徐某钧、张某益于 1990 年 3 月登记结婚,后因夫妻关系不和,张某益于 1998 年 10 月提起过离婚诉讼,在法院主持下达成离婚调解协议,该协议由于徐某钧反悔而未生效,张某益撤回了起诉。之后,徐某钧、张某益夫妻感情仍然不好,最终于 2008 年 6 月在民政局登记离婚。在离婚前二三年间,徐某钧单独向外借有巨额借款。债权人周某忠(系徐某钧、张某益的邻居)已提起诉讼。本案中,徐某钧于 2007 年 2 月至 4 月向周某忠借款合计 155200 元,徐某钧出具借条。周某忠于 2008 年 7 月向一审法院提起诉讼,请求判令:徐某钧、张某益共同归还借款 155200 元及相应利息。

一审法院认为,夫妻共同债务有其特定的构成要件,即夫妻一方只有为夫妻共同生活或共同利益所负的债务,才具备夫妻共同债务的性质;否则,不能认定为夫妻共同债务。夫妻共同债务的认定应从下列三个方面去考量:1.是否基于夫妻或家庭共同生活需要;2.是否基于夫妻合意;3.是否基于夫妻一方的代理行为。徐某钧、张某益的家庭近年来没有添置大件财产,也没有共同经营家庭,徐某钧对外借款数额巨大,远远超出了家庭日常生活开支所需,周某忠承认徐某钧叫他不要告诉张某益,可见本案借款是徐某钧的个人行为,不符合家事代理的构成要件,且张某益也没有从徐某钧对外借款的行为中受益,故本案的借款应认定为徐某钧的个人债务。据此判决:1. 徐某钧归还周某忠借款本金155200元及利息;2.驳回周某忠的其他诉讼请求。

周某忠不服一审判决,提起上诉称,从徐某钧、张某益的离婚协议书看,财产归张某益所有,债务由徐某钧负担,说明张某益对借款是知情的。徐某钧、张某益恶意串通,逃避债务,转移财产。徐某钧要求周某忠不要将借款告诉张某益,这并不表明张某益不知道本案借款事实,仅以此就将本案借款认定为徐某钧个人债务有误。周某忠与徐某钧借贷关系合法,本案借款应认定为徐某钧、张某益夫妻共同债务,由徐某钧、张某益共同清偿。请求撤销原判,依法改判。

二审认为,徐某钧向周某忠借款155200元属实,双方当事人对此均无异议。本案争议的是徐某钧以个人名义向周某忠借款是否应认定为徐某钧、张某益夫妻共同债务。本案的借款系徐某钧与张某益夫妻关系存续期间的债务, 该债务属于徐某钧个人债务还是属于夫妻共同债务的举证责任在债务人徐某钧与张某益一方。在没有证据能够证明周某忠与徐某钧明确约定该借款为徐某钧个人债务, 或者徐某钧和张某益约定各自所得的财产归各自所有且周某忠知道该约定的情况下,应当认定徐某钧的借款为其与张某益的夫妻共同债务。因此,张某益认为徐某钧的借款未用于夫妻共同生活而不属夫妻共同债务的抗辩主张不能成立。一审法院以周某忠自认未将借款一事告诉张某益而视为债权人与债务人明确约定为个人债务,属适用法律不当。而且以徐某钧和张某益家庭近年来没有添置大件财产,也没有家庭共同经营为由,认为徐某钧的借款不是夫妻双方的合意行为,不符合家事代理的构成要件,既缺乏事实依据,也与上述司法解释的精神相违背。据此判决:1.撤销一审民事判决;2.由被上诉人徐某钧、张某益共同偿还给上诉人周某忠借款本金155200元及利息;3.驳回上诉人周某忠的其他诉讼请求。

张某益不服二审判决,申请再审称,二审法院在不明事由的情况下进行改判,将本案借款认定为夫妻共同债务,由申请人共同承担还款责任,明显不公平。请求依法撤销二审法院判决,维持一审法院判决。

法院再审认为,本案争议焦点为:徐某钧在婚姻存续期间向周某忠借得款项是否应认定为徐某钧和张某益的夫妻共同债务。《中华人民共和国婚姻法》第四十一条规定:"离婚时,原为夫妻共同生活所负的债务,应当共同偿还。共同财产不足清偿的,或者财产归各自所有的,由双方协议清偿;协议不成时,由人民法院判决。"这一规定表明,夫妻共同偿还的债务应是婚姻关系存续期间为了共同生活而背负的债务。首先,本案的借款明显超出日常生活所需的范畴,亦未有证据表明徐某钧与张某益共同办厂经商或进行投资,这明显超出了日用品购买、医疗服务、子女教育等日常生活消费范围。徐某钧是一下岗职工,没有稳定的经济来源,周某忠系徐某钧的邻居,对徐某钧的情况应当是明了的,但周某忠屡次借钱给徐某钧,此事说明其很可能知道徐某钧是在做资金生意,且其本身也是在做资金生意,这一点从一审的庭审笔录中可以证实。其次,张某益对本案借款应当是不知情的,即本案借款不是基于夫妻合意。张某益与徐某钧在1998年时已经感情不和闹离婚,1999年5月经一审法院调解和好。本案一审期间,周某忠自称知道张某益与徐某钧关系不好,对借钱给徐某钧一事从未向张某益说过;徐某钧亦提出过不要将借钱一事告诉其妻子的要求。此外,据徐某钧的母亲陈述,徐某钩没有工作,常向其要钱,这也可以反映出徐某钧与张某益关系不好,经济上相互独立。第三,周某忠在与徐某钧借款交易中,接受徐某钧请求,与徐某钧合意隐瞒张某益上述借款交易。通常情况下,徐某钧既然要求周某忠隐瞒张某益,自己也不可能会告知张某益。而周某忠在本案借款交易中对风险的防范相对于张某益来说是处于优势地位,张某益因无法预知另一方举债的时间与数额而处于弱势地位。周某忠如果有让徐某钧、张某益夫妻双方均作为债务人的主观意愿,完全可以要求夫妻双方做出明确的意思表示或共同签字确认。应该说周某忠主观上善意且无过失地相信本案借款为张某益知晓并经其同意的观点是缺乏事实依据的。综合本案事实及相关情节,本案债务超出日常家庭生活所需,且非基于申请人的知情并同意,申请人也未从该债务中享受利益,因此不宜认定为夫妻共同债务。据此判决:1.撤销二审法院判决;2.维持一审法院判决。

专家解析:

《最高人民法院关于适用〈中华人民共和国婚姻法〉若干问题的解释(二)》第二十四条规定:"债权人就婚姻关系存续期间夫妻一方以个人名义所负债务主张权利的,应当按夫妻共同债务处理。但夫妻一方能够证明债权人与债务人明确约定为个人债务,或者能够证明属于婚姻法第十九条第三款规定情形的除外。"适用该条司法解释的前提是把该处"债务"理解为负债夫妻一方为夫妻共同利益所负,或者虽然不是为夫妻共同利益所负,但债权人有理由相信,是为夫妻共同利益所负的。只有在这二种前提下,为了保护善意债权人的利益,应由夫妻相对一方来举证,而并非夫妻一方任何性质的负债,都可以推定为夫妻共同债务。如果将夫妻一方的恶意举债、非法债务、或者债权人明知是夫妻一方的个人债务都推定为夫妻共同债务,会导致夫妻相对一方的权益无从保障,有违公平公正的民法基本原则。《中华人民共和国婚姻法》第四十一条规定:"离婚时,原为夫妻共同生活所负的债务,应当共同偿还。共同财产不足清偿的,或者财产归各自所有的,由双方协议清偿;协议不成时,由人民法院判决。"这一规定表明,夫妻共同偿还的债务应是婚姻关系存续期间为了共同生活而背负的债务。由于婚姻家庭生活的私密性和复杂性,无论是债务人夫妻还是债权人,都存在举证困难的现实问题。虽然债权人的利益关系着社会交易安全与秩序,而配偶的利益则关系着家庭乃至社会生活的安定。对超出日常生活需要的事务,夫妻一方对另一方并无当然的代理权限,这一理解符合公平正义和利益平衡的司法理念。

专家支招:

《最高人民法院关于适用〈中华人民共和国婚姻法〉若干问题的解释(二)》第二十四条司法解释的规定,并不意味着除债权人知道夫妻实行约定财产制或明确约定为个人债务的情形外,全部是夫妻共同债务。相反,如果将上述解释列明的债务一律作为夫妻共同债务处理,夫妻一方的恶意举债、非法债务或与第三人串通虚构的债务,都有可能会被认定为夫妻共同债务,有违公平原则。全面理解这条司法解释规定的内涵,还需结合婚姻法来进行解读,根据婚姻法第四十一条规定:"离婚时,原为夫妻共同生活所负的债务,应当共同偿还。"从该条规定可以看出,夫妻共同债务,应当是夫妻为共同生活或共同利益所负的债务,非为共同生活或共同利益,单纯为一方所使用的债务,应当是夫妻一方的个人债务,不能按照夫妻共同债务对待。因此,债权人主张夫妻一方以个人名义所负债务为夫妻共同债务时,须初步证明该债务用于夫妻共同生活或共同利益。若债权人能初步证明,则发生举证责任的转移,由夫妻一方对个人债务的抗辩主张承担举证责任。所以建议:发生大额资金出借时,债权人最稳妥的做法是由借款人夫妻共同出具借条,避免造成夫妻一方以个人名义借款的情况,从而规避不必要的诉讼风险。

15.公司被兼并,原先约定的诉讼管辖是否继续有效?

案例:

A公司与C厂之间是加工承揽合同法律关系,并且约定了诉讼管辖,合同签订后,A公司被B公司兼并,后因加工承揽合同履行纠纷,B公司以C厂为被告提起诉讼,请问A公司与C厂之间在加工承揽合同上约定的诉讼管辖,对B公司是否继续有效?

专家解析:

(1)《民事诉讼法》第二十五条规定:"合同的双方当事人可以在书面合同中协议选择被告住所地、合同履行地、合同签订地、原告住所地、标的物所在地人民法院管辖,但不得违反本法对级别管辖和专属管辖的规定。"可见,协议管辖约定地点也仅限于双方当事人的住所地或者合同的签约地、履行地、标的物所在地。根据《合同法》理论约定,管辖的合同条款只对签约的双方当事人有约束力,不能约束合同双方当事人以外的人。

(2)《民法通则》第四十四条二款规定:"企业法人分立、合并,它的权利和义务由变更后的法人享有和承担。"《合同法》第九十条规定:"当事人订立合同后合并的,由合并后的法人或者其他组织行使合同权利,履行合同义务。"《民法通则》和《合同法》均是实体法,不是程序法。上述条款所称的权利、义务是指实体法意义上的民事权利和义务,不含程序法意义上的诉讼权利和义务的内容。实体法意义上的民事权利和义务由合并后的法人享有和承担,但程序法意义上的诉讼权利和义务则对并购方无约束力。合同双方当事人约定管辖的条款是程序法意义上的权利和义务,对兼并企业的并购方不具约束力。

(3)从法律关系的角度看,原加工合同的签约双方即 A 公司与 C 厂之间是加工承揽合同法律关系,B 公司与上述加工承揽合同法律关系并无直接联系。后 B 公司基于兼并这一法律事实,才承继了 A 公司加工承揽合同项下的实体上的权利、义务,从而与 C 厂之间形成一个新的债权债务法律关系,后一法律关系的主体、内容与前一法律关系明显不同。由此不难看出,作为并购方的 B 公司与作为债权人的 C 厂之间的诉讼也与 A 公司与 C 厂之间的诉讼不同。显然,B 公司与 C 厂之间理应按《民事诉讼法》的管辖规定重新确定案件的管辖法院。

专家支招:

合同的一方当事人被并购后,该方的诉讼主体已不存在,约定管辖条款自动失效。合同的一方当事人与并购方的合同纠纷应适用原告就被告的原则确定管辖;属专属管辖的,则适用专属管辖条款。或者合同的一方当事人与并购方就加工承揽合同签订一个补充协议,再重新约定诉讼管辖。

16.离婚协议约定债务归一方,债权人能否起诉要求原夫妻二人共同偿还?

案例:

2012 年的元月,李某、王某夫妇向张某借款 5 万元用于养猪。2013年 12 月 12 日李某、王某到民政局办理了离婚登记。李某夫妇双方在离婚协议中约定对张某的该笔欠款由丈夫李某负责偿还。后张某多次找李某索要该笔欠款,李某一直推托不还。张某将李某夫妇告上法庭,主张该笔债务为李某夫妻共同债务,要求李某夫妇二人共同偿还所欠的该笔债务。

王某抗辩说,离婚协议已经明确约定该笔欠款由李某偿还,因此,张某无权要求自己偿还该笔债务。

专家解析:

夫妻共同债务是指夫妻双方或一方在婚姻关系存续期间为共同生活所负的债务。要构成夫妻共同债务,必须具备两个条件。(1)债务关系一般要发生在婚姻关系存续期间。根据这一特征,夫妻一方婚前所负的个人债务或婚姻关系解除后所负的债务为个人债务,应以个人持有的财产偿还。

(2)借债的目的是为了夫妻共同生活的需要。只有因共同生活需要而发生的债务才能认定为共同债务,具体包括:夫妻为日常生活需要所负的债务,夫妻为履行法定抚养义务所负的债务,法律推定为共同债务等情形。李某夫妇对张某的这笔5万元的债务,发生在夫妻关系存续期间。借债的目的是用于家庭经营,满足夫妻共同生活的需要。因此,应当认定夫妻共同债务。

《最高人民法院关于适用〈中华人民共和国婚姻法〉若干问题的解释(二)》第二十五条规定:"当事人的离婚协议或者人民法院的判决书、裁定书、调解书已经对夫妻财产分割问题做出处理的,债权人仍有权就夫妻共同债务向男女双方主张权利。一方就共同债务承担连带清偿责任后,基于离婚协议或者人民法院的法律文书向另一方主张追偿的,人民法院应当支持。由该条可以看出夫妻对共同债务承担连带责任,该共同债务不因双方的离婚而免除,也就是说,只要债权人的债权没有得到清偿,债权人有权向夫妻任何一方要求全额清偿。因此,虽然离婚协议已经明确约定该笔欠款由李某偿还，张某仍然有权要求王某偿还该笔债务。

专家支招：

作为债权人，应当清楚夫妻共同债务不因离婚而转变成个人债务，可以追究夫妻一方或者双方的连带责任。作为债务，夫妻应当明白，夫妻共同债务不因夫妻的离婚而得到免除，夫妻双方仍然要承担连带责任。

17.未经债权人同意转移债务有效吗？

案例：

2011年1月，某村民委员会向本村村民吴某借款20000元，12月份，吴某买车急需用钱，遂向该村委会催要借款。因村委会暂无现金，便让吴某先向镇信用社贷款20000元，承诺贷款由村委会负责偿还。吴某贷款后，村委会与吴某签订了偿还贷款协议，将出具给吴某的借条收回。然而，贷款到期后，村委会却一直未向信用社偿还。信用社多次向吴某催要，吴某以与村委会有协议，该款应由村委会负责偿还为由拒付。对于本案中未经债权人同意的债务转让是否为有效，存在两种不同的见解：第一种意见认为，该案中的债务人已经由吴某变成某村委会，且村委会与吴某签订了偿还贷款的协议，债务转让已成立，吴某已经不再承担偿还欠款的义务，信用社应以该村委会为被告，要求偿还欠款。第二种意见认为，根据《合同法》的规定，债务的转让，必经债权人的同意，该案中吴某与村委会的协议，只是私下的协议，并未通过信用社的同意,为无效的转让行为。

专家解析:

所谓债务转移,指债权人或者债务人通过与第三人订立债务承担合同,将债务全部或者部分转移给第三人承担现象。按照债务转移以后原债务人是否免责为标准,可以分为免责的债务转移和并存的债务转移。免责的债务转移,是指第三人取代原债务人的地位而承担全部债务,是债务人脱离债的关系的债务承担方式。并存的债务转移,是指第三人(债务承担人)加入债的关系之中,与原债务人一起向债权人承担债务的现象。本案中,村委会与吴某签订的偿还贷款协议即为免责的债务转移。免责的债务转移合同又可以分为两种情况,一是承担人与债权人之间签订债务转移合同,这种债务转移合同一般不必经债务人同意即可成立。二是承担人与债务人之间签订的债务转移合同。第二种债务转移合同必须经过债权人的同意。债权人同意是债务转移合同对于债权人的生效要件。因为债的关系建立在债权人对债务人的履行能力的了解和信任的基础之上,债务人的支付能力,对于债权人权利的实现至关重要。如果债务人未经债权人同意而将债务转移给承担人,该人无足够的资力和信用履行债务时,债权人的利益将毫无保障。为了保护债权人的利益不受债务人与承担人之间的债务承担合同的影响,应以债权人同意为债务转移合同对于债权人的生效要件。本案中信用社对吴某具有合法有效的债权,吴某应当履行债务。吴某未经信用社同意,私自将债务转移给村委会,该债务转移行为对债权人信用社不产生拘束力。

专家支招:

对于并存的债务转移,不需要债权人同意。免责的债务转移,一定需要债权人的同意,否则,对债务人不发生效力。

18.可以把债权债务同时转移给第三人吗?

案例:

姚某系勤鹏公司的业务人员,2013年1月31日,姚某与勤鹏公司核对账目后形成姚某部分工地联系方式明细,明细单共涉及15笔货款,总金额857411.50元,明细单备注:以上货款均由姚某个人从公司采购销售给以上工地,以上全部砼款由姚某本人付给公司,2013年3月付100000元,2013年5月付200000元,2013年6月付200000元,2013年8月付200000元,余额在2013年12月31日前全部付清。被告姚某对明细单内容签字认可并确认序号1、2、4、7、15工程款本人用,其余未收到。2013年2月1日,高某某(甲方)、姚某(丙方)及勤鹏公司(乙方)签订债权债务转让协议一份,三方约定:截至本协议签订之日,甲方对乙方享有1500000元到期债权,乙方对丙方享有1057411.50元到期债权,其中债权本金857411.50元,利息为150000元。乙方自愿将其对丙方的到期债权1057411.50元转让给甲方,丙方依据本协议于2013年8月15日直接向甲方支付1057411.50元。丙方向甲方清偿债务后,甲方对乙方享有的债权中相应扣除丙方已清偿的部分。2013年2月5日,姚某与勤鹏公司出具情况说明一份,内容为:姚某欠勤鹏公司砼款857,411.50元,经双方友好协商,此笔砼款全部由姚某支付给高某某抵充勤鹏公司欠高某某的债务。同日,姚某向原告出具借条一份,借条载明:今借高某某人民币857411.50元,还款日期2013年3月付100000元,2013年5月付200000元,2013年6月付200000元,2013年8月付

200000 元,余额在 2013 年 12 月 31 日前付清。但姚某一直未偿还欠款。故原告高某某起诉法院要求被告姚某归还借款 857411.50 元并支付利息 150000 元。后又追加勤鹏公司为本案第三人。法院判决,一、被告姚某于本判决生效之日起十日内支付原告高某某 857411.50 元;如果被告姚某未按本判决指定的期间履行给付金钱义务,应当依照《中华人民共和国民事诉讼法》第二百五十三条之规定,加倍支付迟延履行期间的债务利息;二、驳回原告高某某关于 150000 万利息的诉讼请求。

专家解析:

　　根据《合同法》第八十八条规定,当事人一方经对方同意,可以将自己在合同中的权利义务一并转让给第三人。本案的争议焦点为第三人向原告转让的债权是否为合法有效的债权,原告及第三人主张857411.50 元系被告姚某私自扣留的货款,该款项应当由被告给付第三人,被告与第三人之间存在合法的债权债务关系。被告认可 857411.50 元系由其负责销售的应收货款,并确认其中的大部分款项已经收到但未交给第三人。法院认为,被告姚某确认存在私自扣留公司货款的情况,且由其签字确认的欠款对账单、情况说明、债权债务转让协议等证据也均表明被告认可 857411.50 元系其拖欠公司的款项,并经三方协商同意该款项由被告直接支付给原告,故被告姚某应当按照约定全面履行自己的义务。关于利息,被告姚某辩解其作为第三人的员工,公司要求其在债权债务转让协议上签字,签字时并未看到协议第一页上书写有 150000 元利息,故不同意支付利息。法院认为,被告与第三人在 2013年 1 月 31 日通过对账明确了欠款金额及付款期限,次日三方签订债权债务转让协议时被告承诺的付清期限尚未届满,第三人要求被告支付150000 元利息,不符合法律规定;此后 2013 年 2 月 5 日被告及第三人签署情况说明,同时由被告向原告出具借条,三方均未对利息做出约定;庭审中,第三人提出 150000 元利息实际是被告在 2013 年 1 月 31

日之前占用第三人资金的利息,其未能提供相应证据予以证明,且被告不予认可,故法院对于原告要求被告支付 150000 元利息的诉讼请求不予支持。

专家支招:

合同的转让,除了单纯的合同权利的转让和合同义务的转让以外,还有第三种情形,即为债权债务的概括转让,又称为合同权利义务的一并转让,它是指由原合同当事人以将其债权债务一并移转给第三人,由第三人概括继受这些债权债务。本着私法自治的原则,只要债权债务合法有效,只要当事人协商一致,债权债务概括转移就受到法律的保护。债权债务概括转移制度的设立,完善了我国社会主义市场经济民商法律体系,有利于保护债权人的合法利益。

19.员工个人出具的欠条是否对公司发生效力?

❀ ❀ ❀

案例:

某药品贸易公司业务员周某持公司授权委托书及公司相关证件复印件于 2011 年 12 月 13 日至 2012 年 3 月 17 日期间与某制药公司发生药品买卖关系。2012 年 5 月 6 日,周某以公司名义向某制药公司出具欠条,认可欠某制药公司药材款 141178 元,并承诺当年年底付清,周某个人在该欠条上署名。但周某到期并未付清欠款,某制药公司遂向某药品贸易公司追讨,某药品贸易公司以欠款金额不实,且欠条系周某个人出具,未得到公司授权为由拒付。

对于周某以个人名义向某制药公司出具欠条,是否对某药品贸易公司发生法律效力，存在两种不同意见：第一种意见认为，某药品贸易公司只是授权周某去某制药公司购买药材，并未授权其进行结算，故该欠条对某药品贸易公司不发生法律效力。第二种意见认为，周某与某制药公司的结算行为已构成表现代理，其出具的欠条对某药品贸易公司具有法律效力。

专家解析：

表见代理，是指行为人没有代理权，但使相对人有理由相信其有代理权，法律规定被代理人应当负授权责任的无权代理。《中华人民共和国合同法》第四十九条规定：行为人没有代理权、超越代理权或者代理权终止后以被代理人名义订立合同，相对人有理由相信行为人有代理权的，该代理行为有效。因此，构成表见代理应当具备以下条件。一是行为人须无代理权。这里所说的无代理权是指实施代理行为时无代理权或者对于所实施的代理行为无代理权。如果代理人拥有代理权，则属于有权代理，不发生表见代理的问题。二是须有使相对人相信行为人具有代理权的事实或者理由。这一要件是以行为人与被代理人存在某种事实上或者法律上的联系为基础的。这种联系是否存在或者是否足以使相对人相信行为人有代理权，应以一般交易情况而定。通常情况下，行为人持有被代理人发出的证明文件，如被代理人的介绍信、盖有合同专用章或者盖有公章的空白合同书，或者有被代理人向相对人所做的授予其代理权的通知或者公告，这些证明文件构成认定表见代理的客观依据。三是须相对人为善意。这是表见代理成立的主观要件，即相对人不知行为人所为的行为系无权代理行为。如果相对人出于恶意，即明知他人为无权代理，仍与其实施民事行为，就失去了法律保护的必要，故表见代理不能成立。《民法通则》第六十六条第四款规定，相对人知道行为人没有代理权、超越代理权或者代理权已经终止还与行为人实施民事行为给他人造成损害的，由相对人和行为人负连带责任。四是须行为人与相对人之间的民事行为具备民事行为的有效要件。表见代理发生有权代理的法律效力，因此，表见代理应具备民事行为成立的有效要件，即不得违反法律或者社会公共利益等。如果不具备民事行为的有效要件，则表见代理不能成立。

表见代理对被代理人产生有权代理的效力，即在相对人与被代理人之间产生民事关系，被代理人应受表见代理人与相对人之间实施的民事行为的约束，享有该行为设定的权利和履行该行为约定的义务。被代理人不得以无权代理为抗辩，不得以行为人具有故意或者过失为由而拒绝承受表见代理的后果，也不得以自己没有过失作为抗辩。

在本案中，某药品贸易公司出具给周某的授权委托书已载明周某的身份是购销员，其有权代表公司对外从事购销业务。虽然该授权委托书未明确周某具有代表公司进行结算的权利，但其中也并未就此问题有限制性的表述。且周某在向某制药公司采购药品及结算时，均提供了某药品贸易公司的药品经营许可证、组织机构代码证等全套证照，上述情况使某制药公司有理由相信周某是某药品贸易公司对外业务的全权代表，其不仅有权代表该公司进行购销业务，也有权代表公司进行结算。相对人某制药公司出于善意，且该民事行为不违反法律或者社会公共利益。因此周某出具给某制药公司的欠条对某药品贸易公司亦发生法律效力。药品贸易公司应当付款。

专家支招：

作为相对人，既可主张狭义无权代理，也可主张表见代理。如果相对人认为向无权代理人追究责任更为有利，则可主张狭义无权代理，向无权代理人追究责任；相对人也可以主张成立表见代理，向被代理人追究责任。需要注意的是，在相对人不主张表见代理的情况下，被代理人或者无权代理人不得主张表见代理，因为表见代理制度是保护善意相对人和交易安全的，而非保护无权代理人的利益。

20.债务人逃避债务,债权人可否行使债务人 对第三人的债权?

案例:

2011 年元月,张某因资金周转需要,向李某借款 10 万元。双方约定借款期限为 1 年,月利率 2%,到期一次性还本付息。张某向李某出具了借条。后张某由于经营不善,到期无法偿还欠款。李某多次向张某催要,张某均以经济困难为由拒不偿还借款。2012 年 7 月 1 日,李某又到张某家催债,遇到王某向张某还款,张某忙把话题岔开,进行掩饰。后李某进行了解得知,张某曾经借给王某 8 万元做生意,如今本息将近 10 万元了。张某打算放弃这一债权。为此,李某向法院起诉,请求张某以此款项清偿债务。张某辩称该债权已经放弃,无法清偿债务,但没有证据。对此,有两种不同意见。第一种意见认为:李某对其享有债权,可以依自己的意志支配,完全有放弃的权利。虽然他还没有放弃自己债权的明确表示,但是该权利是他自己的权利,是不是行使这个权利,由他自己决定,他没有行使这一债权,又没有其他财产清偿债务,可判决张某承担偿付债务的责任,无法偿付的问题,放到执行程序中解决。第二种意见认为:是不是行使自己的权利,确实是债权人的权利,但是如果不行使这一债权是以逃避债务为目的,那么这种不行使也是不允许的,法院可以依照债权人代位权,判决李某代位权行使张某的债权,用王某的应付欠款偿付李某的债权。

专家解析:

债权人的代位权,是指当债务人怠于行使对第三人享有的权利而害及债权人的债权时,债权人为保全其债权,可以自己的名义代为行使债务人对第三人之权的权利。《中华人民共和国合同法》第七十三条规定:"因债务人怠于行使其到期债权,对债权人造成损害的,债权人可以向人民法院请求以自己的名义代位行使债务人的债权,但该债权专属于债务人自身的除外。代位权的行使范围以债权人的债权为限。债权人行使代位权的必要费用,由债务人负担。"

要行使代位权,需要具备以下条件。

(1)债务人享有对于第三人的权利。债务人对于第三人的权利,为债权人代位权的标的。债权人的代位权属于涉及第三人之权的权利,若债务人享有的权利与第三人无涉,自不得成为债权代位权的行使对象。可以代位行使的债务人的权利,必须是非专属于债务人本身的权利。《〈中华人民共和国合同法〉司法解释(一)》第十二条规定:"合同法第七十三条第一款规定的专属于债务人自身的债权,是指基于扶养关系、抚养关系、赡养关系、继承关系产生的给付请求权和劳动报酬、退休金、养老金、抚恤金、安置费、人寿保险、人身伤害赔偿请求权等权利。"

(2)债务人怠于行使其权利。怠于行使其权利,是指应行使并且能行使而不行使其权利。所谓应行使,是指若不及时行使,则权利将有消灭或者丧失的可能。所谓能行使,是指不存在行使权利的任何障碍,债务人在客观上有能力行使其权利。所谓不行使,即消极的不作为,是否出于债权人的过错,其原因如何,都暂且不问。

(3)债务人已经陷于迟延。在债务人迟延履行以前,债权人的债权能否实现,难以预料,若允许债权人行使代位权,则对于债务人的干预实属过分。反之,若债务人已经陷于迟延,而怠于行使其权利,且又无资力清偿其债务,则债权人的债权已经有不能实现的现实危险,此时已经发生保全债权的必要。

(4)有保全债权的必要。债权人的债权,有不能依债的内容获得满足的危险,才有代位行使债务人权利以便实现债权的必要。

从本案来看,李某完全有条件代位行使张某对王某的债权。

(1)张某与李某之间的借贷合同关系合法有效,张某负有按期清偿借贷本金利息的义务;李某享有按期收回本息的权利。张某因违法经营、经营亏损,不能如期履行清偿义务,是违反合同的行为。

(2)张某为逃避债务,怠于行使对王某享有的债权,损害了李某的债权,李某作为债权人可以行使债权人代位权。债权人对自己享有的债权,完全可以根据自己的意识,决定行使或者不行使这个债权。但是,当该债权人另外又关系到其他债权的债务人时,如果他怠于行使债权的行为使他的债权人的权利无法实现时,他的行为就是违法的,确认该行为无效的法律依据是《民法通则》第五十八条第七项,即以合法形式掩盖非法目的的行为,从行为开始时,就没有法律约束力。

(3)依据债权人代位权原理,在债务人怠于行使自己的债权,害及债权人的债权时,债权人可以用自己的名义,代债务人之位,向债务人的债务人请求实现自己的债权。债权人对于债务人的上述怠于行使债权,害及自己债权的行为,应当向法院提出代位行使债务人权利的请求。

综上所述,本案中李某代位行使张某的债权是符合法律规定的,法院应予支持。

专家支招：

代位权作为债的保全的一种方式,它突破了合同的相对性原则,给债权人以最大限度的保护。作为债权人一定要善于利用这一制度,当发现债务人怠于行使到期债权逃避自己的债务时,积极利用代位权制度来保护自己的合法权益。

21.债务人预期违约,保证人应否提前承担保证责任?

案例:

2012年8月2日,被告林某向原告张某借款30万元,约定于2013年2月15日前全额还清。2013年1月20日,林某归还10万元给张某。后经张某多次追讨,2013年7月28日,林某向张某写下书面承诺:本人于2013年11月15日前偿还张某人民币12万元, 余款8万元定于2014年3月28日前还清。在该书面字据上,李某作为担保人也写下了"如林某届时无力偿还以上款项,本人自愿担保清偿"的字样。林某及李某均在该字据上签名并按手印。2013年11月14日,林某向张某偿还人民币2万元。张某追收无果,遂于2014年1月23日向法院起诉:要求林某偿还其借款本金18万元及利息,李某承担连带清偿责任。

专家解析:

首先被告林某的行为构成预期违约。预期违约可以分为两种,即明示预期违约和默示预期违约。其中明示预期违约,是指在合同履行期限到来之前, 一方当事人无正当理由而明确肯定地向另一方当事人表示他将不履行合同。默示预期违约则是指在履行期限到来之前,一方当事人有确凿的证据证明另一方当事人在履行期限到来时, 将不履行或不能履行合同,而另一方又不愿提供必要的履行担保。《合同法》第一百零八条规定:"当事人一方明确表示或者以自己的行为表明不履行合同义务的,对方可以在履行期限届满之前要求其承担违约责任。"该法条明确了预期违约的构成要件为:(1)违约的时间必须是在合同有效成立之后履行期限届满之前;(2)违约必须是违反了合同的根本性义务,即一方不履行义务的行为;(3)违约一方不履行义务且无正当理由。

专家支招:

本案中,林某在其承诺的第一期还款期限内仅仅偿还了约定数的1/6,属于"以自己的行为表明不履行合同义务",其行为明显构成预期违约,原告要求其提前偿还借款合法有据。

22.赌债能得到法院的支持吗?

案例:

梁某在起诉中声称自己与米某经过朋友介绍相识,米某一直从事手机经营,因进货缺少资金,于2012年8月22日向梁某借款现金人民币34.2万元整,后一直未还,故诉至法院要求:(1)判令米某立即偿还借款34.2万元;(2)诉讼费由米某负担。

米某在一审中答辩称:梁某所述不属实,不同意梁某的诉讼请求。理由如下:(1)米某从未经营过手机业务;(2)涉案款项系赌资,且属于高利贷,属于非法借款,不应得到法院的支持。34.2万元包括三部分,第一部分是20万元的本金,但没有收到现金,而是2012年7月15日梁某在澳门希腊神话赌场给米某的20万元筹码,但是米某全都输了;第二部分是10万元的其他债务,具体情况是2011年12月24日案外人王红杰向梁某借款8万元,同时将一辆丰田凯美瑞牌汽车抵押给了梁某,并由王红杰出具了8万元的借条,梁某扣除了1万元作为利息,给了王红杰6万元,米某又给了王红杰1万元。米某作为经办人在借条上签了名,后来王红杰没有按期还款,梁某说让王红杰拿10万元来赎回车辆,后来王红杰跑了,那时米某才发现车不是王红杰的,是另一个案外人李文涛的,车是王红杰从租赁公司租来的,经过公安部门调查,车被车主李文涛取走了,因为王红杰没有还梁某10万元,所以梁某就让米某把这10万元承担下来,米某就把这10万元一并归入了这个34万元的欠条里;第三部分是20万元本金产生的4万元的利息。综上,不同意梁某的起诉事实及诉讼请求。

后经法院查明:2012年8月22日,米某来到梁某爱人杜某某的办公室,米某收到梁某出借的借款现金34.2万元,并出具收条一张,记载:今收梁某人民币现金叁拾肆万贰仟元,收款人为米某。米某在此收条上签名并捺手印。同时,米某向梁某出具欠条一张,记载"今欠梁某人民币叁拾肆万元整,于2012年9月22日一次性还清。米某在此欠条上备注:"2012年8月22日前我与梁某所有债务清算,米某,2012.8.22",米某在此欠条上签名并捺手印。截至庭审结束之日,米某未向梁某清偿上述借款。

专家解析:

民间借贷最重要的证据就是"借条",而基于赌博债务产生的借条往往不会注明债务的赌债性质,也不体现出高利贷的痕迹,而是以其他正当理由确立债务关系,经常以借条、欠条等形式存在,债权人也以此作为提起民事诉讼的主要依据,诉讼中债权人更不会对"借条""欠条"以外的事实做过多陈述,而参与赌博的人又往往不愿意出庭作证,作为被告的债务人除了自己的陈述几乎不可能有其他证据证明债务的赌博性质,隐藏在借条、欠条背后的债务性质就很难被发现。另一方面,作为被告的债务人往往是沉溺于赌博不能自拔,或债台高筑,长期在外避债,害怕债权人的追讨,在诉讼过程中被告往往不能直接送达,经公告送达后被告也往往避而不见,不答辩,不出庭,不能正确有效地行使答辩、举证及质证的诉讼权利。缘于此,法官审理民间借贷案件发现案件中存在涉赌因素时,应从严审查借贷关系的合法性,在证明责任的分配上,原告不仅要举证证明其与被告借款真实合法有效,被告反驳借贷关系主张赌博债务并举证证明,当被告举证达到引起合理怀疑的程度时,原告还需承担借款与赌债无关的举证责任。在本案中米某对与梁某之间存在债务并无异议,双方争议焦点有以下两点:一是梁某与米某之间债务的性质;二是梁某与米某之间债务的数额。针对焦点一,梁某认为此债务为米某拖欠梁某的借款,米某认为此债务为米某拖欠梁某的赌资及高利贷,不应受到法律保护。该债务到底是不是赌债和高利贷呢?我国法律明文规定,赌债属于违法债务,不受法律的保护。但很多赌债往往采取事后打欠条的方式,然后以借贷关系进行诉讼,掩盖了赌债之后的基础法律关系。当事人往往难以找到证据证明该债务为赌债。当事人对自己提出主张有责任提供证据加以证明,梁某为证明其主张,提交了米某出具的欠条和收条,上述证据能够使法院确认梁某与米某之间存在民间借贷关系。而米某针对其主张向法院提交的证据无法使法院确认本案涉及的债务为赌资及高利贷。针对焦点二,梁某提交欠条上记载的数额为34万元,而收条上记载的数额为34.2万元,米某提出该收条上未记载时间,认为该收条与本案无关,米某未收到梁某的借款。因米某未就该收条的形成提供反证,亦无法合理解释该收条存在的理由,故对米某的主张不予支持。因此法院最终认定借贷关系成立,米某应当偿还梁某欠款34万元。

专家支招:

赌博债务案件多以民间借贷关系的形式出现,所以必须正确掌握二者之间的区别,准确认定赌博债务案件,才能正确适用法律,保护正当真实的民间借贷关系,从而对非法的赌博债予以甄别的同时,对违法犯罪行为依法处理。民间借贷关系是当事人一方按照约定将一定种类和数量的货币转移给他方，他方于一定期限后返还货币的协议而产生的法律关系,这种法律关系受法律保护,通常以借款合同、借条等形式体现,借款合同是借款人向贷款人借款,到期返还借款并支付利息的合同。对自然人借款,既可以采取书面形式,也可以采取口头约定形式。民间借贷法律关系的成立需符合形式要件和实质要件。形式要件即达成合意的外在形式,如借条、借款合同、口头约定以及其他可以表明双方借款合意的形式;实质要件即款项的实际交付,民间借贷案件具有实践性特征,借贷合同的成立,不仅要有当事人的合意,最主要的特点是要有交付钱款的事实。因此,在生活中,一方面,我们要洁身自好,不要养成赌博等恶习;另一方面,如果我们被强迫签订借款合同时,我们要留有证据,证明其背后存在非法的法律关系,为以后的诉讼做好准备。

23.夫妻一方的担保债务,另一方需要承担责任吗?

案例:

2011 年元月,张某为朋友李某担保从王某处借款 10 万元,约定借款期限为 1 年,张某承担连带担保责任。借款到期后,债务人李某拒不履行还款义务。后债权人王某将债务人李某和担保人张某告上法庭,要求债务人李某和担保人张某对该笔 10 万元借款承担连带责任。法庭支持了王某的诉讼请求,判决债务人李某和担保人张某对该笔 10 万元借款承担连带责任。在执行中,法院从银行查询到张某的前妻肖某(双方于 2012 年 3 月离婚)有存款。

对于法院能否追加肖某为被执行人,合议庭有两种不同的意见:第一种意见认为,应当追加肖某为被执行人,《最高人民法院关于适用〈中华人民共和国婚姻法〉若干问题的解释(二)》第二十四条规定:债权人就婚姻关系存续期间夫妻一方以个人名义所负债务主张权利的,应当按夫妻共同债务处理。但夫妻一方能够证明债权人与债务人明确约定为个人债务,或能证明属于《婚姻法》第十九条第三款规定情形的除外。且肖某与张某的离婚在债务形成以后,为公平保护债权人的合法权益,应当追加肖某为被执行人。第二种意见认为,我国《婚姻法》第四十一条规定,离婚时,原为夫妻共同生活所负的债务,应当共同偿还。张某为朋友担保,其目的不是为夫妻共同生活所需,由此产生的债务,应由张某个人偿还,不应由夫妻共同财产偿还,不能追加肖某为被执行人。

专家解析:

夫妻共同债务指夫妻双方或者一方在婚姻关系存续期间为共同生活所负的债务。这一债务必须具有以下三个特征:(1)债务关系发生在婚姻关系存续期间。(2)借债的目的是为了夫妻共同生活的需要;(3)夫妻对共同债务承担连带责任。本案中,张某承担担保债务虽然发生在夫妻关系存续期间,但发生这笔担保债务的目的并不是为了夫妻共同生活的需要。

(1)夫妻共同债务以夫妻共同生活所负为原则。《最高人民法院关于适用〈中华人民共和国婚姻法〉若干问题的解释(二)》第二十五条规定:"当事人的离婚协议或者人民法院的判决书、裁定书、调解书已经对夫妻财产分割问题做出处理的,债权人仍有权就夫妻共同债务向男女双方主张权利。"如果是夫妻共同债务,王某有权依法律的规定向肖某追偿,以保护王某的合法权益,但该主张权利以夫妻共同债务为必要条件。夫妻共同债务是共同生活所负的债务,指双方为维持共同生活的需要、抚养子女和赡养老人的需要以及夫妻一方或双方治疗疾病等所负的债务,另外根据《民法通则》有关规定精神,个体工商户、农村承包经营户的债务,只要是在婚姻关系存续期间,一方经营所负的债务,除了另有约定的外,应视为共同债务。夫妻共同债务的通常表现为:夫妻双方共同负下的债务;夫妻一方以个人名义欠下的为共同生活所负的债务。夫妻共同债务有特定的范围,张某的债务是碍于朋友情面而形成的债务,其与夫妻共同债务没有相同的特征,属于个人债务。

(2)张某担保行为的受益人不是肖某及家人。张某为朋友担保并没有以明示或暗示形式告知妻子肖某,违背了婚姻关系中夫妻的财产的平等处分原则。张某为李某担保贷款不是双方共同经营,张某从中没有受益,肖某及家人也没有从中获得利益。按照权利与义务一致原则,没有权利而独负义务的行为是法律所禁止的。因此,对于张某的担保债务,肖某无共同担责的义务。

(3)肖某对张某无帮助和扶养义务。《中华人民共和国婚姻法》第四条规定:"夫妻应当互相忠实,互相尊重;家庭成员间应当敬老爱幼,互相帮助,维护平等、和睦、文明的婚姻家庭关系。夫妻有互相扶养的义务,离婚时,如一方生活困难,另一方有给予适当帮助的义务,但帮助费用以离婚时一次性给予为限。"现肖某与张某离婚已满一年,肖某对张某已无经济帮助的义务,更无为张某偿还债务的义务。因此,不能追加肖某为被执行人。

专家支招:

要构成夫妻共同债务,举债的目的一定是为了夫妻共同生活的需要。因此,只有因共同生活需要而发生的债务才能认定为共同债务,具体包括:夫妻为日常生活需要所负的债务、夫妻为履行法定扶养行为所负的债务、法律推定为共同债务等情形。否则,就不可能构成夫妻共同债务,而是一方的个人债务。作为债权人,最好和夫妻双方共同约定该债务为共同债务。作为债务人,则可以以举债目的不是为了夫妻共同生活而主张该债务不是夫妻共同债务。

24.还款时忘了让债主写收条怎么办?

案例:

李乙在起诉中声称:自己系李甲姐夫。李甲购车时向李乙借款买车,李乙于2011年1月2日在一家销售汽车的有限公司通过pos机为李甲支付了20万元的购车款。双方并未约定还款时间。2012年9月,李乙因装修房屋向李甲提出还款要求,李甲一直未还。故诉至法院,请求法院判李甲偿还20万元借款并承担诉讼费。

李甲答辩称:自己当时买车确实向李乙借钱,是李乙为李甲刷卡20万元。李甲买了车之后,于2011年9月已经还了李乙20万元车款,当时有李甲的母亲和侄子一家在场可以证明。因为是亲戚关系,都是一家人,所以当时没有让李乙打收条,这是本案的基本事实。由于李甲实际上偿还了借款,双方借款关系实际已经消灭,所以至起诉前,李乙从未再向李甲提及还款一事。这次李乙之所以起诉,因为李甲大意,李乙抓住了李甲还钱时没有让他打收条这一缺陷。

法院审理查明:李乙系李甲的姐夫,李甲在购车时向李乙提出借款买车请求。2011年1月29日的银行持卡人存根上记载的内容为:"李乙卡号为622700×××××××××2909的建行卡在汽车销售有限公司刷卡20万元。"另查明,李乙的银行账户明细与其妻子李某玲的中国农业银行存折账户明细,表明2012年9月至2013年5月期间并无20万元进账存入。

法院审理后认为:当事人对自己提出的诉讼请求所依据的事实或

者反驳对方诉讼请求所依据的事实有责任提供证据加以证明。没有证据或者证据不足以证明当事人的事实主张的，由负有举证责任的当事人承担不利后果。本案中，李甲对于其向李乙借款20万元用于购车的事实予以认可，双方成立民间借贷关系。李甲称其已经偿还该笔借款，对此事实，应由李甲承担举证责任。本案中，李甲称其已将借款还给李乙，但仅提供其母亲与侄子的证人证言，未提交其他证据予以证明，不足以证明还款的事实，故李甲应当承担不利后果。综上，李乙要求李甲偿还借款的诉讼请求，理由正当，证据充分，法院予以支持。

专家解析：

　　民间借贷纠纷是民事诉讼中比较常见的案件类型，借款合同主体多为自然人之间，双方当事人形成借款法律关系时，合同内容也往往较为简略，其格式的规范性上远不如商业银行与贷款人之间的商业借贷合同，甚至可以是不要式合同。下面笔者将对民间借贷纠纷中易混淆的借条、欠条与收条，这三种凭据性条据各自内涵与法律关系进行简单的辨析。

　　首先，含义不同。"借条"作为借款的凭证，是指借款人出具给被借款人的用来证明借款行为的凭证，它既证明双方当事人之间存在债权债务关系，也能表示债发生的原因是借款关系。"欠条"只能证明双方当事人在某个时间点存在着纯粹的债权债务关系。欠条的形成可能是多种法律关系产生的后果，其债的形成原因是多方面的，可以是买卖，也可以是服务等其他原因。而"收条"依字面意思解释，是证明收条出具人"收"到某物品的事实状态的凭据，"收"有可能是收到依约定或其他法律事实自己有权收取的东西，甚至可能是原本属于自己的东西。所以"收条"本身并不表明双方当事人之间存在债的关系，如要确认当事人间是否存在债权债务关系，有待于法院对收条形成过程与原因进行进一步审查。

第二,举证责任不同。当事人合法权益受到对方侵害时,可以向法院提起诉讼来主张自身的权利。按照《民事诉讼法》第六十四条规定:"当事人需对自己的主张承担举证责任,具体到民间借贷纠纷中,即要求债权人就债权债务关系存在的事实进行举证,债务人对债务已经清偿的事实进行举证。"借条、欠条和收条这三者作为证据,在实践中法律效果是不同的:借条持有人(被借款人)在诉讼中,凭借条只需要向法官简单陈述借款经过即可证明"借款事实成立",并主张权利,欠条持有人则必须向法官陈述欠条形成的事实,如果对方否认,则必须对欠条形成的事实进行举证。当欠条形成涉及违背国家禁止性规定从事的行为时,比如赌博负债等,就不能作为主张权利的凭证。与借条、欠条不同,收条持有人可以证明借贷合同已经履行或部分履行的事实,并可以据此对债权人对债务已经履行部分重复的主张抗辩。

第三,诉讼时效不同。《合同法》对普通借款合同的诉讼时效问题并无特殊规定,所以应适用《民法通则》第一百三十五条规定,诉讼时效期间为二年。"借条"作为双方当事人债权债务关系存在的凭证,也是双方借款合同的证明,如果约定债务履行期限,诉讼时效应从该履行期限届满时计算。当借条持有人起诉、主张权利或者借条出具人认诺债务时,诉讼时效发生中断的效力,诉讼时效期间则应该"重新起算"。如果借条中债务履行期限无约定或者约定不明确的,诉讼时效应从债务人明确表示不履行债务之日起计算。"欠条"作为双方当事人之间的债权债务关系的凭证,欠条形成之时即为当事人之间债权债务确定之日,债务人不履行债务,债权人的债权持续处于受侵犯的状态,如果欠条未约定具体还款期限,欠条持有人要在两年内主张权利,否则就丧失胜诉的权利。而"收条"因其不作为债权债务关系的凭证,如果双方当事人之间经审查不存在债权债务关系,则不涉及诉讼时效的计算问题。

需要指出的是,在实际生活中往往会出现"借条""欠条"与"收条"与其记载的内容不一致的情况,这时应该根据"名实解释"的原则,以实际记载的内容来确定其性质。比如双方当事人成立民间借贷合同时,借款人出具的条据虽然抬头为"欠条",实际内容却记载借款事实、经过并约定利息,这种情况下,欠条与借条并无实质性差别,应作为借条看待,并适用借条的举证责任、诉讼时效等相关规定。

在本案中,李乙和李甲之间也没有正式的借条,但李乙通过银行转账给李甲20万元,通过事实行为形成了李乙和李甲之间的借贷关系,因为自然人之间的借贷既可以采用书面形式,也可以采用口头形式。没有借条并不影响李乙和李甲之间借贷关系的成立。李甲主张已经归还借款,但既拿不出李乙出具的收条,也拿不出银行的转账凭证。虽然有李甲母亲和侄子的证人证言,但由于是亲属关系,其证明力较弱。根据谁主张谁举证的原则,李甲不能举证其已经偿还欠款,因此要承担败诉的后果。

专家支招:

在现实生活中我们发现,除高利贷等特殊情况外,一般的民间借贷关系均发生于熟人之间,这种特殊的主体关系有时会间接导致当事人举证难,使得欠条不足以反映全部事实。由于纠纷发生前双方存在亲友关系,当事人或基于信任,或碍于面子,疏于证据保留。表现在:债权人对要求老朋友出具欠条羞于启齿,有借款而无借条;债务人基于信任,还款时没有要求债权人出具收条,甚或在债务还清时怠于要求债权人退还欠条等,有欠条而无收条,当纠纷发生时再想搜集证据则为时已晚。因此,借钱给别人时,一定要借款人出具借条,所借款项最好通过银行转账,借款合同的主体要和银行转账的主体相同;还钱给别人时,一定要出借人写收条,同时收回以前写的欠条。

25.借条上的借款人不是实际借款人怎么办？

❀　❀　❀

案例：

原告徐某诉称：2012年9月29日，被告吴某与一名自称曹某的男子和原告徐某的代理人廖某、刘某见面，自称为曹某的男子与原告徐某签订借据，约定向原告徐某借款人民币150000元，借款期限为一个月，被告吴某是该笔借款的担保人。后经证实，被告吴某是实际借款人。原告徐某诉至法院，要求：1.判令曹某立即支付拖欠原告徐某的借款本金150000元，截至还款之日利息（暂计算至2013年3月31日为14084元）及违约金30000元；2.判令被告吴某对上述债务承担连带责任；3.本案诉讼费由曹某和吴某承担。诉讼中，原告徐某确认曹某并非借据上的签字人，故撤回对曹某的起诉，原告徐某的诉讼请求最终确定为：1.判令被告吴某偿还原告徐某借款本金150000元、违约金30000元及利息（自2012年9月29日起至实际还款日止，以150000元为本金，按中国人民银行同期贷款利率的4倍计算）；2.本案诉讼费由被告吴某承担。

被告吴某辩称并不认识原告徐某，被告吴某没有向原告徐某借过钱。2012年9月，被告吴某向曹某借用身份证，并以曹某的名义办理了一张银行卡。因被告吴某急需用钱，故向刘某和廖某借钱。因为借款人需要有车才能借款，被告吴某遂以曹某的名义向刘某和廖某借钱，被告吴某是借款的担保人。借据是被告吴某一人签订，与曹某无关，实际借款人和用款人都是被告吴某。借据约定的借款金额是150000元，刘某和廖某向被告吴某以曹某名义办的银行卡汇款150000元，150000元到账后半小时,被告吴某从卡上取出该150000元,给了刘某72000元,被告吴某的实际借款金额为78000元,另外,由于被告吴某未能按约定在还款期限还款,被告吴某向刘某支付了24000元违约金。

法院经审理查明:2012年9月,被告吴某向曹某借用身份证,并以曹某的名义办理了一张银行卡,曹某在庭审中对该事实予以认可。原告徐某称:2012年9月29日,原告徐某的代理人刘某、廖某与一名自称曹某的男子签订借据,约定"曹某"向徐某借款150000元,借款期限为2012年9月29日至2012年10月28日,利息为银行同期贷款利率的4倍,如"曹某"逾期还款,则按借款金额的20%计算违约金。被告吴某则称:借据、担保承诺和收条上"曹某"的名字是被告吴某所签,"曹某"的手印亦是被告吴某所捺。被告吴某作为借款的担保人在借据上签字。另外,被告吴某做出书面担保承诺,约定如"曹某"逾期未还,则被告吴某愿意承担所欠款项。2012年9月29日,原告徐某向被告吴某以曹某名义办的银行卡汇款150000元,被告吴某将该150000元款项取出。经核实,曹某未在借据上签字,亦未收到该150000元款项,被告吴某为实际借款人和用款人。

法院经审理认为:根据我国民事诉讼法的规定,当事人有答辩并对对方当事人提交的证据进行质证的权利。本案中,被告吴某在第三次开庭时,经合法传唤,拒不到庭应诉,应视为其放弃了在第三次开庭时当庭答辩和质证的权利。合法的民间借贷关系受法律保护。因借据、担保承诺和收条上载明的借款人"曹某"并非曹某本人,借据、担保承诺和收条体现的内容并非曹某的真实意思表示,故该份借据无效,原告徐某与曹某之间不存在民间借贷法律关系。被告吴某承认其为实际借款人和用款人,被告吴某确实从原告徐某处收到150000元借款,故被告吴某与原告徐某之间建立了民间借贷法律关系,被告吴某应当向原告徐某偿还该笔借款。被告吴某辩称其并未向原告徐某借钱,而是向刘某、廖某借钱,实际借款金额为 78000 元,另外被告吴某曾向刘某支付 24000 元违约金,因无证据支持,法院对被告吴某的抗辩理由不予采纳。由于原告徐某与"曹某"签订的借据无效,故借据中的利息约定和违约金约定亦属无效,原告徐某要求被告吴某支付利息和违约金的诉讼请求,法院不予支持。

专家解析:

　　合同是当事人之间设立、变更或终止债权债务关系的协议。作为一种民事法律关系,合同关系不同于其他民事法律关系(如物权关系)的重要特点,在于合同关系的相对性。合同关系的相对性是合同规则和制度赖以建立的基础和前提,也是我国合同立法和司法所必须依据的一项重要规则。合同的相对性主要表现在合同主体的相对性,是指合同关系只能发生在特定的主体之间,只有合同当事人一方能够向合同的另一方当事人基于合同提出请求或提起诉讼。具体来说,首先,由于合同关系仅是在特定人之间发生的法律关系,因此,只有合同关系当事人彼此之间才能相互提出请求,与合同关系当事人没有发生合同上的权利义务关系的第三人,不能依据合同向合同当事人提出请求或者提起诉讼。其次,合同一方当事人只能向另一方当事人提出合同上的请求和提起诉讼,而不能向与其无合同关系的第三人提出合同上的请求及诉讼。自然人之间的借贷合同应当是出借人和借款人之间签订,否则合同就可能因为主体不符而无效。本案中,借款合同签字的主体是徐某和曹某,但曹某的名字为吴某代签,吴某又没有曹某的授权,因此,徐某和曹某之间不可能产生借贷法律关系。由于该借贷合同无效,该合同所约定的违约金、银行利息也无效。由于吴某是该笔借款的实际使用人,在徐某和吴某之间就产生了实际的借贷关系。对该笔借款,徐某和吴某之间没有约定利息,应当视为无息。也没有约定违约金。因此,徐某可以要求吴某偿还本金,但不能要求吴某偿还利息和违约金。

专家支招：

　　构成完整的借贷关系一般有两部分组成，一是出借人与借款人之间的借款协议；一是出借人向借款人支付了协议中的款项。如果协议的主体和支付款项的主体不一致，就会出现两种情况，要么借款协议无效，出借人和实际借款人之间形成事实性借贷关系，但协议对双方就不具有约束力；要么借款协议有效，出借人没有向协议中的借款人支付协议中所约定的款项。如果是金融借贷，借款人可以依照借款协议要求出借人履行合同。如果是自然人之间的借贷，由于自然人之间的借贷合同是实践合同，借款人则不能要求出借人履行合同。

26.没有借条能不能形成借贷法律关系？

案例：

　　凌某某诉称：2011年11月27日，高某某向凌某某借款42万元，在汽车销售有限公司购买奥迪汽车一辆，凌某某于当日向中国建设银行汽车销售有限公司账户汇款42万元。借款到期后，凌某某多次要求高某某返还借款未果，现凌某某诉至法院。凌某某的诉讼请求为：(1)请求法院判令高某某返还借款42万元及利息（计算至实际支付日止）；(2)诉讼费由高某某承担。

　　高某某辩称，一、其与凌某某之间不存在民间借贷关系。(1)自己从未向凌某某发出借款的意思表示，更没有接受凌某某款项的事实行为。因此，双方之间不具备形成借贷关系的民事法律行为要件。(2)自己与凌某某既非亲属，亦非挚友，如果双方之间真的存在42万元的借贷关系，就必然有借款合同之类的书面凭证。但是在本案中,凌某某没有直接证据证明其借给自己42万元。二、凌某某以高某某名义向案外人购买奥迪汽车系无权代理行为,该购买行为对高某某不发生法律效力。(1)购车协议上没有高某某本人的亲笔签名,也没有高某某委托凌某某代理购车的任何证据,高某某也没有对凌某某的购车行为予以追认,因此不能构成所谓的为高某某垫款买车。(2)凌某某冒用高某某的名义购买奥迪汽车后,一直由凌某某本人占有和使用,该车的被保险人也是凌某某。如果真的是高某某向凌某某借款并委托凌某某购车,所购车辆应当是高某某本人占有和使用,车辆的被保险人也应当是高某某而非凌某某。但事实情况是凌某某为了获得高某某名下拥有的京A00003车牌号,而冒用高某某的名义自行购买奥迪汽车并悬挂该车牌后长期使用,从未向高某某透露,事后也未征得高某某的追认。当高某某发现后,为了避免凌某某使用车辆过程中给其本人造成损失,才不得不采取自救措施,终止了凌某某对该车辆的使用。请求法院驳回凌某某的诉讼请求。

法院经审理查明:2011年10月27日,汽车销售有限公司出售奥迪牌汽车一辆,车牌号为:京A00003,在汽车销售公司的购车协议书上显示客户姓名为高某某,在客户签名处签字为凌某某,凌某某于同日将购车款及相关费用共42万元给汽车销售公司。现京A00003车登记在高某某名下并已由其掌控。经凌某某向高某某索要垫付的购车款,高某某至今未予给付。现尚欠凌某某垫付全部购车款42万元未清偿。

法院认定高某某虽未向凌某某出具任何借款手续,但现该车牌号为京A00003的奥迪轿车所有权人及掌控人均为高某某,凌某某为高某某垫付全部购车款42万元。双方之间形成了事实上的民间借贷关系。对凌某某要求高某某返还全部垫付购车款42万元的诉讼请求,法院予以支持。对凌某某要求高某某给付利息的诉讼请求,因为系自然人之间的借款,没有约定利息应当视为无息,支付利息的要求于法无据,法院不予支持。高某某辩称的未委托凌某某为其购买车辆及垫付全部购车款的辩解意见,因该车实际所有权人及掌控人均为高某某,对其辩解意见,该院不予采信。据此,依照《中华人民共和国合同法》第二百零六条之规定,判决:(1)高某某返还凌某某借款人民币42万元(于判决生效后10日内履行);(2)驳回凌某某的其他诉讼请求。

专家解析:

借款合同是借款人向贷款人借款,到期返还借款并支付利息的合同。自然人之间的借款合同是实践合同。《中华人民共和国合同法》第二百一十条规定,自然人之间的借款合同,自贷款人提供借款时生效。由此,民间借款合同仅有双方当事人的合意不能成立,只有贷款人提供贷款,将货币交付给借用人时,借款合同才生效。自然人之间的借款合同也是一种不要式合同。《中华人民共和国合同法》第一百九十七条规定:"借款合同采用书面形式,但自然人之间借款合同另有约定的除外。"但由于发生纠纷须有相关的证据,特别是当事人之间的书面形式的证据,因此,最好采用书面的形式。但自然人之间的借款不采用书面形式,合同依然是成立生效的。本案中,高某某与凌某某之间的借款合同就是一种没有采用书面形式的借款合同。从法院查明的事实可以看出,双方已经达成借款的合意,并且凌某某已经将借款支付给高某某了。因此,凌某某有权要求高某某偿还该笔42万元的欠款。自然人之间的民间借款合同可以无偿,不约定利息,也可以为有偿的,当事人之间约定利息、利率,但是国家限制民间借款合同的高利率。《中华人民共和国合同法》第二百一十一条规定,自然人之间的借款合同对支付利息没有约定或者约定不明确的,视为不支付利息;自然人之间的借款合同约定支付利息的,借款合同的利率不得违反国家有关限制借款利率的规定。因为凌某某和高某某没有约定该笔借款的利息,按照法律的规定,应当视为无息。因此,法院没有支持凌某某请求高某某支付利息的请求。

专家支招:

　　自然人之间的借贷主体多为亲戚朋友。借款人与出借人大多数具有较为亲密的关系，多为亲朋好友或邻里乡亲等。有的基于信任和关系，口头承诺，不写借条，没有书面材料。这就给借贷关系的认定造成了障碍。这就告诉我们，自然人之间的借款最好也采用书面形式。这样发生纠纷时，就很容易证明借贷关系的存在。当然，如果我们能找到其他的充分的证据证明借贷关系的存在，也是可以的。

27.没有约定利息，债权人能否要求债务人给付逾期利息？

案例:

　　湘临天下公司因流动资金短缺向唐某某借款29万元，唐某某于2013年2月25日将29万元交给湘临天下公司，双方定于2013年3月10日前归还。借款期满后，湘临天下公司并未还款。故唐某某诉至法院，请求判令湘临天下公司:(1)偿还借款本金29万元;(2)支付逾期还款利息10802.5元（按照本金29万元自2013年3月10日起计算至实际还款之日止，按照人民银行同期逾期贷款利率的标准进行计算);(3)湘临天下公司承担全部的诉讼费用。湘临天下认为唐某某在起诉前曾担任湘临天下公司财务主管，涉案标的29万元，唐某某早以各种借口将此笔款项结清。现湘临天下公司正积极清理财务各项账款。因此，湘临天下不应当偿还唐某29万元借款和逾期还款利息。那么湘临天下到底应不应当给付唐某29万元借款和逾期还款利息呢？

专家解析：

本案为民间借贷纠纷。唐某某以湘临天下公司出具的书面借款为证据，起诉湘临天下公司偿还借款，湘临天下公司亦认可双方之间的借款关系。本案当事人之间的民间借贷法律关系不违反法律、行政法规的效力性强制性规定，应属合法有效。通观本案，争议焦点在于湘临天下公司是否已经偿还借款的事实认定问题及利息应付计算的问题。

首先，关于借款是否已经偿还的举证责任及认定问题。借款之偿还，应属民间借贷的履行问题。根据《最高人民法院关于民事诉讼证据的若干规定》第五条第二款的规定："对合同是否履行发生争议的，由负有履行义务的当事人承担举证责任。"故湘临天下公司对其主张偿还借款的事实承担举证责任。

湘临天下公司在一审中主张借款 29 万元已经还清，但未提交证据予以证明。现湘临天下公司上诉主张唐某某在担任湘临天下公司财务主管时以各种借口将涉案款项结清，对此法院认为，根据《最高人民法院关于民事诉讼证据的若干规定》第二条的规定："当事人对自己提出的诉讼请求所依据的事实或者反驳对方诉讼请求所依据的事实有责任提供证据加以证明。没有证据或者证据不足以证明当事人的事实主张的，由负有举证责任的当事人承担不利后果。"湘临天下公司没有证据证明其所主张的唐某某已结清款项的事实，应由湘临天下公司承担举证不能的不利后果。

其次，关于湘临天下公司所应给付的逾期利息问题。《中华人民共和国合同法》第二百零七条规定："借款人未按照约定的期限返还借款的，应当按照约定或者国家有关规定支付逾期利息。"《最高人民法院关于人民法院审理借贷案件的若干意见》第九条规定："公民之间的定期无息借贷，出借人要求借款人偿付逾期利息，或者不定期无息贷款经催告不还；出借人要求偿付催告后利息的，可参照银行同类贷款的利率计息。"故湘临天下应当按照银行同类贷款的利率计算 29 万元的逾期付款利息。

专家支招：

借钱到期要还，到期不还，即使没有约定，也要按照银行同类贷款的利率支付利息。这是对债务人不诚实信用行为的惩罚。因此，作为债权人，要知道即使在没有约定的情况下，仍然有权要求债务人给付逾期还款的利息。作为债务人，要讲诚实守信用，积极履行自己的义务；延期付款，法律也不会让你得利。

28.民间借贷约定利息，法院一定支持吗？

案例：

张女士与李先生是朋友关系，平时关系相处得很好。张女士诉称，2012 年 1 月，李先生因为做生意缺乏周转资金，向张女士借款 20 万元。双方约定，借款期限为 1 年，月利息为 5 分。后张女士通过邮政储蓄银行向李先生转账 17 万元，现金支付 3 万元。李先生出具借条：今借到张女士 20 万元，月利息为 5 分，期限为一年，到期一次还本付息。李先生在借条上署名并注上借款日期。后借款到期，李先生以做生意没有周转资金为由，一直拖欠至今不还。张女士一气之下，把李先生告到法院，要求被告李先生偿还借款 20 万元，利息按照月利率 5 分计算，自 2012 年 1 月至实际还款时止，诉讼费由被告承担。

被告称自己确实向原告借了钱，但不是 20 万元，而是 17 万元，张女士根本没有支付现金 3 万元，这 3 万元是作为利息扣除的。另外，月利率 5 分太高，是高利贷，不应支持。自己现在没有钱，欠原告的钱可以分期偿还。

专家解析：

根据《中华人民共和国合同法》第一百九十六条的规定："借款合同是借款人向贷款人借款，到期返还借款并支付利息的合同，包括商业银行贷款合同和民间借贷合同。民间借贷是指自然人之间、自然人与非金融企业之间，为生活或生产所需，在自愿基础上依约进行资金借贷的一种民事行为。"随着我国市场经济的快速发展，以及人们参与市场经济的行为的增多，亲属朋友之间、个人与企业之间在借款时约定利息已经成为很平常的事情了。但是按照法律的规定，民间借贷双方对利息的约定也不是随意的。如果违反了法律强制性的规定，就会出现出借人的利益不能最终实现的现象，有的甚至于引发诉讼，耗时费力，得不偿失。

《中华人民共和国合同法》第二百零六条规定："借款人应该按照约定的期限返还借款，对借款期限没有约定或者约定不明确，贷款人可以催告借款人在合理期限内返还。"《中华人民共和国合同法》第二百一十一条规定："自然人之间的借款合同约定支付利息的，借款利息不得违反国家有关限制借款利率的规定。"最高人民法院《关于人民法院审理借贷案件的若干意见》第六条规定："民间借贷的利率可以适当高于银行的利率，各地人民法院可根据本地区的实际情况具体掌握，但最高不得超过银行同类贷款利率的四倍(包含利率本数)。超出此限度的，超出部分的利息不予保护。"《最高人民法院关于贯彻执行〈中华人民共和国民法通则〉若干问题的意见(试行)》第一百二十二条规定："公民之间的生产经营性借贷的利率，可以适当高于生活性借贷利率。如因利率发生纠纷，应当本着保护合法借贷关系，考虑当地实际情况，有利于生产和稳定经济秩序的原则处理。"第一百二十四条规定："借款双方因利率发生争议，如果约定不明又不能证明的，可以比照银行同类贷款利率计算。"

本案中，原告张女士借款给李先生，有李先生亲自书写的借条为证,原被告之间的借贷合同关系合法有效,被告李先生应当依照诚实信用的原则,履行合同约定的义务,到期归还欠款。月利率5%的约定,超过银行同类贷款利率的四倍,超过部分法院不予支持,酌定李先生按照2%月利率支付利息。

《中华人民共和国合同法》第二百条规定:"借款的利息不得预先在本金中扣除,利息在本金中扣除的,应按照实际借款数额返还借款并计算利息。"最高人民法院《关于人民法院审理借贷案件的若干意见》第七条规定:"出借人不得将利息计入本金谋取高利。人民法院在审判实践中发现出借人将利息计入本金计算复利的,其利率超出银行同期贷款利率四倍的,超出部分不予保护。"《中华人民共和国民事诉讼法》第六十四条规定:"当事人对自己提出的主张,有责任提供证据。"本案中,李先生主张20万元中的3万元是预先扣除的借款利息,但李先生对自己的主张并没有提供证据来证明,因此,李先生关于3万元是预先扣除的借款利息的抗辩不能得到法院的支持。

最后法院判决,被告李先生付给原告张女士人民币20万元,于判决后15日内付清;并从2012年1月起按照月利率2%计付利息至还款时止。

专家支招:

根据《中华人民共和国合同法》第一百一十一条的规定:"自然人之间的借款合同对支付利息没有约定或者约定不明确的,视为不支付利息。自然人之间的借款合同约定支付利息的,借款的利率不得违反国家有关限制借款利率的规定。"因此,在民间借贷合同中约定利息,一定不能高于国家有关限制借款利率的规定。因为超过部分是得不到法律支持的。

另外,《中华人民共和国合同法》第二百条规定:"借款的利息不得预先在本金中扣除,利息在本金中扣除的,应按照实际借款数额返还借款并计算利息。"首先,借款人不要接受借款的利息预先在本金中扣除的做法。其次,在借款人急于借钱,不得不接受这种做法时,要留有证据。以免在日后的诉讼中,因为没有证据,而支付了不需要支付的利息。

29.私自录音能证明借款的事实吗?

案例:

刘某某在向法院的起诉中声称,自己与王某某原系朋友关系。王某某因急需资金向刘某某借款,考虑到双方的朋友关系,刘某某未要求王某某书写借条,后刘某某分别于 2011 年 10 月 15 日、2011 年 10 月 16 日、2012 年 6 月 21 日共向王某某个人账户汇款人民币 64000 元。直至今日,王某某仍未偿还借款,故提起诉讼,要求:(1)请求法院依法判令王某某返还借款共计 64000 元;(2)案件诉讼费用由王某某承担。

王某某辩解称,刘某某与自己之间不存在借贷关系,双方的资金往来是基于顶峰公司产生的,2011 年 10 月 15 日、2011 年 10 月 16 日、2012 年 6 月 21 日的三次汇款是刘某某购买公司(原系王某某个人独资)股份的钱,现刘某某也持有该公司的股份,不同意刘某某的诉讼请求。

后经法院查明,2011 年 10 月 15 日,刘某某在中国建设银行给王某某转账 30000 元;2011 年 10 月 16 日,刘某某在中国建设银行给王某某转账 26000 元;2012 年 6 月 21 日,刘某某在中国工商银行给王某某转账8000元;2011年王某某设立顶峰公司，注册资本为100000元;2012年5月4日，公司章程中确认刘某某以货币出资方式(49000元)购买顶峰公司49%的股份。庭审中，王某某认可收到刘某某的64000元，但提出是购买公司49%的股份。该公司工商登记显示,2012年5月4日,王某某将其所有的49%的股份以49000元的价格转让给刘某某。

　　法院认为，根据双方当事人的陈述，案件的争议焦点在于，刘某某通过汇款方式向王某某交付的64000元是否为刘某某主张的借款。刘某某在庭审期间为了证明其与王某某之间存在民间借贷关系，提供了三张汇款凭证及一张录音光盘，王某某认可收到了三张汇款凭证所记载的64000元,并且认可录音的真实性。在录音中,刘某某要求王某某归还借款，王某某对此未予否认。根据王某某的陈述，上述录音形成于双方完成股权转让之后，同时，在案件审理过程中，王某某和刘某某均表示双方之间除案件诉争款项外没有其他款项往来。对此法院认为，王某某虽称案件所涉款项系刘某某向其支付的股权转让价款，但在双方完成股权转让后，刘某某打电话要求王某某偿还借款、出具欠条时，王某某未予否认，亦未提出双方之间往来的款项系股权转让价款的抗辩，更未提出其在案件诉讼期间所主张的录音中提到的借款是指当事人分配转让公司相关证照所得款项这一情况。同时，王某某虽主张案件所涉款项系刘某某向其支付的股权转让款，但未提供证据予以证明，应承担举证不能的后果，故一审法院认定案件诉争款项系刘某某向王某某提供的借款，双方之间形成民间借贷法律关系并无不当。上述借贷关系应属双方当事人的真实意思表示，且未违反法律、行政法规的强制性规定，合法有效，在刘某某已向王某某支付上述借款的情况下，刘某某有权要求王某某返还上述款项。

专家解析：

　　秘密录音是指录制者在被录制者不知情的情况下所进行的录音活

动。它具有三个基本特征：一是被录制者可以是特定的人，也可以是不特定的任何人；二是录音的场合可以是公开场合，也可以是不完全公开的场合，或者是完全不公开的场合；三是被录制者不知情，这是秘密录音活动的最重要的特征。只有满足上述三个特征的录音活动，才能称为秘密录音。其次是秘密录音的种类。它包括公共场所下的录音，私人场所下的录音，电子监听（或者窃听，有人亦称之为"偷听偷录"）。秘密录音与窃听不完全是一回事。秘密录音的范围比较宽，它包含不同的形式，窃听只是其中的一种。由于这个原因，必须对秘密录音做出细致的分类，以便把窃听从中分离出来，并同秘密录音中的其他形式进行比较。采用不同的秘密录音形式可能会对被录制者造成不同的反应或后果，而这些后果是需要区别对待的。也就是说，在司法实践中，区别对待不同的秘密录音形式及其可能的后果，以便适用不同的司法政策，是一种理性的明智的选择。

电话录音作为一种视听资料，是法律规定的证据种类之一，现实生活中虽然存在，但被法院直接采纳认定的案例并不多见，其主要原因是视听资料作为一种技术合成，其要依赖于一定的技术设备辅助才能表现出来，并不像其他证据种类（如书证、物证等）直接反映所要证明的客观事实；同时，视听资料作为技术含量成分比较高的证据类型，当事人除了要证实取得的视听资料不是采用非法手段取得外，还必须证实该视听资料没有经过剪接、删改、合成等方式形成，否则法院对视听资料很难直接采信认定，因为依据最高人民法院《关于民事诉讼证据的若干规定》第六十九条的规定，一些证据不能单独作为认定案件事实的依据，其中包括存有疑点的视听资料。

本案原告在被告否认借款的情况下，采用通过电话进行录音的方法，其行为并不存在法律明文禁止的规定，而且该录音资料是原告与被告两次电话通话的真实记录，没有经过增减、删除、合成等技术手段加工,依据最高人民法院《关于民事诉讼证据的若干规定》第七十条的规定,一方当事人提出的证据,对方当事人提出异议但没有足够的相反证据的,人民法院应当确认其证明力。其中包括有其他证据佐证并以合法手段取得的、无疑点的视听资料或者与视听资料核对无误的复制件。本案中,正是因为有了这份录音证据,法院才得以判定王某某向刘某某借款的事实。

专家支招:

现实生活中,很多非法债权债务关系都可能变借贷成债权债务关系,借贷法律关系掩藏了基础法律关系的非法性。对这些非法的债权债务关系,用录音的方式固定下来,以便以后在法庭上对抗非法债权人的请求,不失为一种好办法。

30.未载明还款期限的欠条从何时起计算诉讼时效?

案例:

2011年1月20日,张某向李某提供货物一批,李某出具了一张欠条给张某,但没有注明还款日期。张某因种种原因,一直未向李某催要欠款。2013年3月20日,张某向李某催要货款,李某未能偿还。2013年4月17日,张某诉至法院,要求偿还欠款。双方对于该笔货物买卖的付款方式和期限没有任何书面合同和口头约定。李某辩称,该欠条形成时间是2011年1月20日,到原告起诉之时已经超过两年诉讼时效。因此要求法院驳回原告的诉讼请求。

没有载明还款期限的欠条,究竟应该从何时起计算诉讼时效?有两种观点：一种观点认为，李某出具给张某的欠条没有载明还款期限，只有出具欠条的时间，因此诉讼时效应从出具欠条次日起计算2年，张某向被告李某催要货款时已经过了诉讼时效，故应驳回原告的诉讼请求。另一种观点认为李某出具给张某欠条之日并不是张某权利受侵犯之时，由于欠条没有载明还款期限，双方事先也没有约定付款方式和期限，因此原告依法可以随时向被告主张权利，诉讼时效应从原告主张权利之日起计算，原告起诉至法院之时并没有超过诉讼时效，被告应支付原告全部货款。

专家解析：

诉讼时效是指权利人在法定期间不行使权利，义务人便享有抗辩权，从而导致权利人无法胜诉的制度。即诉讼时效过后，权利人向人民法院提起诉讼，人民法院应予受理。当事人在诉讼中未提出诉讼时效抗辩，人民法院不应对诉讼时效问题进行释明及主动适用诉讼时效的规定进行裁判。《中华人民共和国民法通则》第一百三十七条规定："诉讼时效期间从知道或者应当知道权利被侵害时起计算。但是，从权利被侵害之日起超过二十年的，人民法院不予保护。有特殊情况的，人民法院可以延长诉讼时效期间。"第一百三十八条规定，超过诉讼时效期间，当事人自愿履行的，不受诉讼时效限制。法律为了保护各方当事人的利益，消除民事法律关系的不稳定，创设了督促权利人行使权利的期限制度。如果权利人在法定期限内未能行使权利，将丧失请求法院保护其权利的胜诉权。根据我国《民法通则》的规定，一般诉讼时效为两年，从权利人知道或者应当知道权利受到侵害之日起计算。从诉讼时效的含义看，要想确定诉讼时效的起算点，首先应当确定权利人知道或者应当知道自己的权利受到侵害的时点。

本案涉及的是债权，债权是一种相对权，权利人只能请求特定的义务人为或者不为一定行为的权利。对于债权人来讲，债权人到了行使权利的期限而其债权没有实现,可以认为权利受到侵害,既包括自己怠于行使权利,也包括相对义务人拒绝履行债务。而对于债务人来讲,其到了履行义务的期限而拒不履行债务,也可以视为权利人的权利受到侵害。就本案来讲,双方没有约定还款期限。从法律事实上看,可以认定双方存在债权债务关系,但没有约定行使权利履行债务的时点。故需要依靠法律相关规定来确定双方行使权利履行义务的时点。根据《合同法》的规定,合同当事人之间没有约定债务履行期限的,债务人可以随时履行,债权人可以随时要求债务人履行,但应当给债务人合理的准备时间。就本案来讲,双方没有约定还款期限,李某可以随时偿还债务;张某也可以随时要求李某履行债务,但应当给李某一定的宽限期。

出具欠条与权利受到侵害并不等同。《合同法》第六十二条规定,"应当给对方必要的准备时间",一般理解为一个月的宽限期,因此本案的诉讼时效应从张某向李某主张债权之日的一个月宽限期后即2013年4月20日起开始计算。在2013年3月20日之前张某没有向李某主张权利,李某也未拒绝履行债务,因此对张某而言,2013年3月20日之前不存在知道或者应当知道权利被侵害的情形,直到2013年3月20日张某明确向李某提出要求支付欠款,根据《合同法》第六十一条的规定,张某要给予李某一定的宽限期做准备,一般理解为一个月,一个月以后李某仍分文不还,此时张某就知道或应该知道其权利受到侵害,诉讼时效即应该从2013年4月20日起计算。

因此,至张某诉至法院时,本案涉及的债权没有超过诉讼时效,应当判决李某支付原告全部货款。

专家支招:

诉讼时效是指当事人的民事权利受到侵害后权利人请求法院予以法律救济的法定保护期限。当事人到了行使权利的期限应当主动行使权利,如果当事人怠于行使权利甚至主观上恶意不想让自己的权利实现,将有损于民事法律关系的稳定。因此,法律为了保护各方当事人的利益,消除民事法律关系的不稳定,创设了督促权利人行使权利的期限制度。如果权利人在法定期限内未能行使权利,将丧失请求法院保护其权利的胜诉权。作为债权人,一定要及时行权,否则,超过诉讼时效,就会面临败诉的危险,得不到法院公权力的支持。作为债务人,可以利用诉讼时效进行抗辩,来对抗债权人。

31.借贷时能预先扣除利息吗?

案例:

　　王某因生意需要资金周转,向朋友李某借款 20 万元,借款合同约定月利率为 1%,借款期限为 1 年,借款日为 2013 年 3 月 1 日,到期王某一次还本付息。借款当日李某交付了 17.6 万元给王某。到了还款日期,王某拒绝还款。李某将王某告到法院,要求王某还本付息,偿还 20 万元本金及利息。

　　对于本案中王某的借款是否属于"预先扣息"行为,王某的借款是 20 万元,还是 17.6 万元。对此存在两种观点:第一种观点认为,《合同法》第二百零五条规定,借款人应当按照约定的期限支付利息。本案中双方对利息支付方式的约定,属双方真实意思表示,并不违反法律规定。根据意思自治原则,应当认定为有效。按照《合同法》第二百条规定应是一次性在本金中扣除全部利息的行为,故本案不属于预先扣除利息的情形。第二种观点认为,因借款合同为实践性合同,应以借款人实际得到的借款数归还借款、给付利息。本案中,虽然双方按照约定扣除了利息,但借款时王某实际得到的借款数应为 17.6 万元,预先支付的利息应属于《合同法》第二百条规定的情形,因此王某应当归还借款的本金数为 17.6 万元,应按 17.6 万元的本金支付利息。

专家解析:

借款合同中,预先扣除利息的方式主要有两种:一是将利息计入本金;二是将利息在本金中扣除。但无论哪种方式,借款人的实际借款数都将高于借款合同中的数额。《中华人民共和国合同法》第二百条规定:"借款的利息不得预先在本金中扣除。利息预先在本金中扣除的,应当按照实际借款数额返还借款并计算利息。"《最高人民法院关于人民法院审理借贷案件的若干意见》第七条规定:"出借人不得将利息计入本金谋取高利。审理中发现债权人将利息计入本金计算复利的,其利率超出第六条规定的限度时,超出部分的利息不予保护。"两种情形下借款人均应按照实际借款数返还本金并计付利息。根据公平原则,为防止贷款人利用优势地位确定不平等的合同内容,《合同法》第二百条禁止预先扣除利息,该规定符合借款合同的实践性特征,即应以实际交付的借款数为本金。本案中预先支付利息实质上属于预先扣除利息的行为,使借款方实际取得的借款低于约定数额,损害了借款方的利益。利息实质上应是借款人因实际使用贷款人的资金而在双方之间形成的债的关系,若本金未交付则不会产生支付利息的问题,故从规范借贷关系和促进公平的角度出发,对《合同法》第二百条不应机械地理解为一次性扣除全部利息的行为,凡属于预先扣除利息,使借款人实际取得的借款数低于借款合同约定数额的情形均应加以禁止。利息是借款人对本金使用一定时间后产生的,预先支付缺乏理论基础且违背交易习惯。如果让借款人支付超过实际使用期限的利息或者借款人未实际使用借款而让其支付利息,都是不公平的。

因此,本案中王某应当按照实际借到的金额 17.6 万还本付息,而不是按照 20 万元还本付息。

专家支招：

把利息从本金中扣除是一种损害借款人利益的行为，为我国法律所禁止。如果扣除，将按照实际借到的金额还本付息。作为债权人，不要把利息从本金中扣除，因为法律不支持。作为债务人，当发生这种情况，要学会运用法律武器保护自己。

32.债务人恶意转移财产逃避债务，债权人可以撤销吗？

案例：

2007 年，刘某自高某夫妇的儿子处借款 100 万元。后高某夫妇的儿子因病去世。2008 年 5 月 21 日，高某夫妇将刘某诉至法院，要求刘某给付该笔欠款。2008 年 6 月 26 日，刘某与父亲签订《北京市存量房屋买卖合同》，约定刘某以 60.3 万元的价格将建筑面积为 93.04 平方米的北京市朝阳区某处房屋出售给刘某的父亲。2008 年 10 月 13 日，法院做出一审民事判决书，判决刘某给付高某夫妇借款本金 100 万元及利息。2009 年 3 月 3 日，北京市第二中级人民法院二审维持了上述一审判决。一审庭审中，刘某向法院出具一张进账单，用以证明其向法院交纳了 20 万元的执行案款，该笔款项系用以偿还高某夫妇 100 万元的欠款。同时表示，出售诉争房屋所得款项并未用以清偿高某夫妇的债务，且目前无力偿还对高某夫妇所负债务。故高某夫妇诉至法院，要求撤销刘某与第三人于 2008 年 6 月 26 日签订的房屋买卖合同，刘某赔偿高某夫妇为行使撤销权所支付的代理费 3 万元，并承担诉讼费用。

专家解析：

债权人撤销权是指债权人对债务人所为的危害债权的行为，可以申请法院予以撤销的权利。《中华人民共和国合同法》第七十四条规定："因债务人放弃其到期债权或者无偿转让财产，对债权人造成损害的，债权人可以请求人民法院撤销债务人的行为。债务人以明显不合理的低价转让财产，对债权人造成损害，并且受让人知道该情形的，债权人也可以请求人民法院撤销债务人的行为。撤销权的行使范围以债权人的债权为限。债权人行使撤销权的必要费用，由债务人负担。"要行使债权人撤销权，需要具备以下主观要件和客观要件。

客观要件是债务人实施了有害于债权的行为。(1)须有债务人的处分行为。依据《合同法》第七十四条规定："债务人的处分行为包括放弃其到期债权、无偿转让财产和以明显不合理的低价转让财产的行为。"依照最高人民法院的司法解释，债务人有下列情形之一的，债权人也可以向人民法院提起撤销权诉讼：债务人放弃其未到期的债权或者放弃债权担保，或者恶意延长到期债权的履行期，或者以明显不合理的高价收购他人的财产。(2)债务人的行为必须以财产为标的。以财产为标的的行为，是指财产上受其直接影响的行为。不以财产为标的的行为，因与债务人的责任财产无关，因此债权人不得撤销。(3)债务人的行为须有害于债权人的债权。所谓有害于债权人的债权，是指债务人的行为减少了债务人的责任财产，致使债务人无足够的财产来清偿对债权人的债务，而使债权人的债权无法得到满足，从而损害债权人的利益。债务人有害于债权人债权的行为包括两种情况：一为债务人积极财产的减少，如让与所有权，在自己的财产上设定他物权，让与债权，免除他人债务等；二为债务人消极地增加债务，如债务承担，为他人提供担保，增设抵押权，提前清偿未到期债务等。

主观要件是指行为人在行为时具有主观恶意，即债务人与第三人为法律行为时，明知行为有害于债权而为之的心理状态。债务人为无偿行为而有害于债权时,只需具备客观要件,债权人即可请求法院予以撤销,因为对无偿行为的撤销,仅使受益人丧失无偿所得的利益,并未损害其固有利益,法律因而侧重于保护受损的债权人的利益。但债务人所为的行为为有偿时,只有行为时明知有损于债权人的债权的,而且受益人受益时明知此情形的,债权人才可行使撤销权。所以,对于债务人的有偿行为,除需要具备客观要件外,还需要具备债务人和受益人恶意的主观要件。

本案中,刘某将登记在其名下的自有房屋出售给自己的父亲,且出售价格明显偏低,而刘某对尚欠高某夫妇的款项表示无力清偿,其低价转让房屋的行为对高某夫妇的债权利益已造成实际损害,故高某夫妇有权要求撤销该转让行为。最终法院也做出撤销该转让行为的判决。

专家支招:

设立债权人撤销权制度是完善我国社会主义市场经济民商法体系的需要,可以有效保护债权人的利益,体现了债对第三人的效力,同时可以防止债务人采取种种不正当的行为逃避债务,该制度对建立健全我国的社会主义市场经济法律法规具有重要的意义。因此,当债务人恶意处分自己的财产,逃避债务时,债权人一定要利用债权人撤销权制度,保护自己的合法权益。

33.借条只注明月份,没有注明年份怎么办?

案例:

王某和李某是一般朋友关系,李某称最近手头紧张,向王某借款

12万元,双方约定12月底归还,并在借条上注明"12月底归还"字样,但借条上日期只写了"5月5日"。一直到2003年6月,李某都没有归还欠款,王某以借条为据,起诉李某还款12万元。诉状称:2000年5月5日,李某因缺钱向我借款12万元,并出具借条一张,但借条上日期只写了"5月5日",未写年。2001年催收时,李某在借条的右上角写明"12月底归还"。但李某到期仍不还款,请求判令李某归还借款本金及支付逾期利息。李某辩称,借款是在2000年5月5日,"12月底归还"也是写于2000年,意指2000年12月底归还,现王某的起诉已超过2年诉讼时效,故请求判决驳回其诉讼请求。庭审中,原告坚持"12月底归还"系2001年向李某催收时书写,因此不可能约定在2000年12月底归还。当事人双方均未申请对借条的书写时间进行鉴定。

专家解析:

本案诉讼标的是借款合同法律关系。在本案中,借款人出具的借条和后来加注的承诺还款的时间,都没有注明年份。而借款人认为出借人在承诺还款的时间届满两年后起诉,已经超过了《民法通则》规定的两年诉讼时效。在这种情况下,应当由谁承担举证责任呢?

本案中,被告李某在借条上加注的"12月底归还"没有写"年",能否据此认为当事人约定的债务履行期限不明确呢?根据《合同法》第六十二条第四项"履行期限不明确的,债务人可以随时履行,债权人也可以随时要求履行,但应当给对方必要的准备时间"的规定,如果认定还款时间不明确,则原告王某随时可以要求被告李某还款,李某以时效抗辩的理由就不能成立了。但《合同法》第六十二条规定的前提是:"当事人就有关合同内容约定不明确,依照本法第六十一条的规定仍不能确定的,适用下列规定……",可见,适用第六十二条第四项规定的前提是"依照第六十一条仍不能确定时"。《合同法》第二百零六条也规定:"借款人应当按照约定的期限返还借款。对借款期限没有约定或者约定不明确,依照本法第六十一条的规定仍不能确定的,借款人可以随时返还;贷款人可以催告借款人在合理期限内返还。"而《合同法》第六十一条规定:"合同生效后,当事人就质量、价款或者报酬、履行地点等内容没有约定或者约定不明确的,可以补充协议;不能达成补充协议的,按照合同有关条款或者交易习惯确定。"故当借款期限没有约定或约定不明时,先要依据"合同有关条款或交易习惯"来确定,而不能直接得出债权人可以随时主张权利的结论。

原告举出的本证就是借条,借条上的"12月底归还"未写"年"而引发争议,属还款时间不明,此时履行期限应"按照合同有关条款或者交易习惯确定"。由于本案的合同就是借条,从"12月底归还"上无法推测出催收时间,因此,只能按"交易习惯"来确定。本案的"交易习惯"就是书写习惯。按照书写习惯,当两个时间写在一起只写月、日而无"年"时,这两个时间一般发生在同一年;如果不是同一年,应当加以区分,这是生活常识。李某在出具借条时没有写"年",王某在催收时李某也没有写"年",按照习惯,还款与借款的时间一般是同一年。否则,出借人自应要求借款人写明"2001",如果在2001年催收时有借款人承诺书写添加的,那按常理,出借人应该要求添加2001年份,以示区别和确认。正是因为发生在同一年,才会都省略书写"年",这种写法符合书写习惯。原、被告均承认借款时间是2000年,因此还款时间也应推定是2000年。因此李某主张"催收与借款发生在同一年"的抗辩符合书写习惯。

对本案的正确处理,应当是首先确定当事人的举证责任,而后由负有举证责任的一方承担举证不能的诉讼后果。原告主张催收发生在借条书写的第二年即2001年,"12月底归还"应指2001年,对此应承担证明责任。《证据规定》第二条:"没有证据或者证据不足以证明当事人的事实主张的,由负有举证责任的当事人承担不利后果。"原告王某未能举出有力证据支持自己的主张,只能推定符合书写习惯的被告的抗辩主张成立,认定还款时间为 2000 年 12 月底。原告起诉时间为 2003 年 6 月,已超过诉讼时效,应当判决驳回其诉讼请求。

专家支招:

其实本案最简单的程序就是对欠条和加注的承诺还款时间申请司法鉴定,以确认文字形成的时间,进而解决本案的争议,《最高人民法院关于民事诉讼证据的若干规定》第二十五条第一款规定:"当事人申请鉴定,应当在举证期限内提出。符合本规定第二十七条规定的情形,当事人申请重新鉴定的除外。"本案双方当事人在举证期间都没有提出鉴定申请,在庭审结束前也没有提出,负有举证责任一方未申请鉴定,系对自己的权利漠视和放弃。第二十五条第二款规定:"对需要鉴定的事项负有举证责任的当事人,在人民法院指定的期限内无正当理由不提出鉴定申请或者不预交鉴定费用或者拒不提供相关材料,致使对案件争议的事实无法通过鉴定结论予以认定的,应当对该事实承担举证不能的法律后果。"

34.夫妻一方发生交通事故,造成他人人身损害、财产损害,形成侵权之债,是夫妻共同债务吗?

案例:

李某(男),搭乘王某(男)的货车(王某是车主,且该车是用来营运的),行驶途中因王某操作不慎,致使货车发生侧翻,将李某甩出车外,并被该车碾压致死,司机王某也当场死亡,交警部门认定司机王某承担事故的全部责任,李某无责任。李某的配偶作为赔偿权利人以原告身份起诉司机、车主王某的配偶夏某,要求承担交通事故损害赔偿责任,请问车主王某的配偶应该承担责任吗?

专家解析:

本案涉及三个法律关系。第一,侵权损害赔偿是否属于债的范畴。根据我国《民法通则》第八十四条规定:债是按照合同的约定或者依照法律的规定,在当事人之间产生的特定的权利义务关系。债具有其自身的要素,包括:主体、客体和内容。侵权损害赔偿有赔偿权利人和赔偿义务人,也就是债的债权人和债务人。具有根据法律规定应该为的行为,即支付金钱。在赔偿权利人义务人之间还有一定的权利义务关系,即受害人的损害赔偿权利和侵害人的损害赔偿义务。因此从概念和内涵上侵权损害与债的概念和内涵相符。从债的发生原因来看,传统的债包括:一是合同(法律行为),称之为意定之债,二是法律规定,称之为法定之债。主要包括:合同、单方允诺、侵权行为、无因管理、不当得利和其他(比如缔约过失等)。侵权行为之债,由非法行为引起,依法律规定产生,以损害赔偿为主要内容。所以侵权损害赔偿属于债的范畴。

第二,侵权之债是否属于夫妻共同债务。最高人民法院扩大了夫妻共同债务的范围,明确规定夫妻共同债务包括:(1)抚养子女、赡养老人所负的债务;(2)购置日常生活用品所负的债务;(3)夫妻一方或双方或子女或老人治疗疾病所负的债务;(4)夫妻双方共同从事个体经营,对他人所负的债务;(5)婚前一方借款购置的房屋等财物转化为夫妻共同财产的,为购置财物借款所负的债务;(6)夫妻双方或一方因继承取得的财产属夫妻共同财产,同时因继承所分得债务也属共同债务。可见,该司法解释虽然扩大了夫妻共同债务的范围,但仍不包括侵权行为所引起的债。《婚姻法》第四十一条规定,"离婚时,原为夫妻共同生活所负的债务,应当共同偿还",仍将夫妻共同债务限制在"为夫妻共同生活所负的债务"的范围。侵权之债是夫妻一方侵权行为引起的,显然不属于为夫妻共同生活所负的债务。第三,本案列王某的配偶夏某为被告是否适格。既然侵权之债不属于原夫妻共同生活所负的债务,受害人以《婚姻法》关于夫妻共同债务的规定为依据,要求侵权行为人的配偶承担替代责任,就失去了得到支持的基础和前提。

专家支招:

本案原告应将王某的其他第一顺序继承人即父母、子女列为共同被告,若其父母、子女均表示放弃继承,本案便以王某的配偶为共同被告。按照生活经验,作为已经成年的且具有完全民事行为能力的侵权行为人,生前一般会有一些属于其个人的财产,同时也会有与配偶共同生活期间所形成的夫妻共同财产,其所遗留的这些财产,一般是在配偶掌管之下。基于这一事实,受诉法院可以认为王某配偶夏某对侵权行为人王某遗留财产的掌管是一种权利,依据权利与义务相一致原则,判令由被告夏某承担替代责任,确定其用掌管的侵权行为人的个人财产和夫妻共同财产中属于其本人的那一部分财产来清偿侵权行为人所遗留的侵权之债。这样做,既给予了受害人以司法救济,又没有损害侵权行为人遗属的利益,体现了公平和正义。

35.捡到丢失的羊喂养后,原主人能要回吗?

❋   ❋   ❋

案例:

有一天晚上,养羊专业户刘某在路边发现一只羊无人看管,他叫了几声没人答应,左右寻找也没发现主人,就把羊带回家。刘某捡到羊后四处打听没发现有人丢羊,就将这只羊和自己的羊放在一起饲养。后来捡到的羊配了种生下小羊。过了一阵,邻村何某找到他说羊是自己的,要求把羊领回去，但刘某认为母羊可以领走，小羊应当归自己，因为正是自己精心照料才使母羊怀上小羊，但是何某认为自己的母羊生下小羊应当归自己所有。

问题：

(1)刘某照料羊的行为在法律上属于什么行为？

(2)刘某要求小羊归自己所有的主张是否成立？

(3)在照料羊的过程中，羊突然狂性大发踢伤了刘某。刘某因此支付了200元医药费，医药费由谁承担？

专家解析：

《民法通则》第九十三条规定："没有法定的或者约定的义务，为避免他人利益受损失进行管理或者服务的，有权要求受益人偿付由此而支付的必要费用。"

(1)刘某照料羊的行为构成无因管理。根据法律规定，没有法定或者约定的义务，为避免他人利益受损失进行管理或者服务的，构成无因管理。因此，刘某为他人照料丢失的羊的行为构成无因管理，作为无因管理人，其有权要求受益人偿付因此而支付的必要费用。

(2)刘某要求日后产下的羊羔归自己所有的主张不能成立，因为羊羔在性质上属于天然孳息，天然孳息在与原物分离之前是原物的一部分，与原物分离之后它的所有权也应当随原物的所有权归属。所以刘某的主张不能成立，但何某必须向刘某支付照料羊所花费的饲料费或其他管理费用。

(3)刘某有权要求何某支付其为此支付的200元医疗费。因为在无因管理之债中，本人应当偿付管理者在管理事务中所受的损失。

专家支招：

无因管理的成立是需要符合其成立要件的，如果不符合这些成立的要件,那么就不是无因管理,该行为构成侵权的话,是要负担相应的法律责任的。其特点是:(1)无因管理发生的前提条件是本人对自己的事务或财务一时失去控制、不能进行管理,只是存在这种状态继续下去就可能出现利益丧失的危险。(2)无因管理法律关系中,只有管理人和受益人两种主体,没有侵害人。(3)在无因管理中,受益人必须承担管理人为管理而支出的必要费用。(4)无因管理中的管理人的损失只是付出管理的必要费用。

36.主张不当得利应如何举证?

案例:

原告刘某诉称,原、被告素不相识,也无私人业务关系。2004年3月10日,原告在办理给付C单位的4万元购货款时,因疏忽将汇款误存入被告夏某在中国建设银行的龙卡账户上。原告发现后,即与被告联系,要求其将4万元返还原告,但被告至今不予退还。原告认为,被告明知其建行龙卡上的4万元是他人误存,不属自己的合法财产却予以占有,根据我国《民法通则》第九十二条的规定,其行为属不当得利,依法应将取得的不当利益返还受损失的原告。请求依法判令被告归还4万元。

原告刘某举证如下:

(1)建设银行龙卡存款单,证明原告将4万元存入被告的龙卡(卡号4567××××××8910)账上的事实。

(2)原告和C单位签订的订货合同(合同中有C单位R的名称、开户银行、账号等内容)。

被告夏某辩称：原告是 A 单位的财务人员，我是 B 单位的供销员。我们 A、B 两个单位有十多年的业务关系，A 单位尚欠我单位 5 万多元货款，原告汇款给我是支付货款的，是履行职务的行为。我已将 4 万元汇款交到单位财务了，以前 A 单位也往我的信用卡上多次汇款，都是支付货款的。

被告未举证。

专家解析：

我国《民法通则》第九十二条规定："没有合法根据，取得不当利益，造成他人损失，应当将取得的不当利益返还受损失的人。"根据该条规定，不当得利的构成要件为：（1）一方获得利益；（2）他方受有损失；（3）一方获得利益没有法律上的根据。在诉讼中，以上三个构成要件均为案件的证明对象，必须由当事人加以证明，不当得利才能成立。

一般情况下，对前两个要件事实（一方获得利益和他方受有损失）的举证较为容易，对于谁应承担证明责任也不会产生争议。但对于第三个要件事实即一方获得利益是否具有法律上的根据，对于谁应当负证明责任争议很大。法院在审理时，对该要件事实真伪不明的情况下，应当由谁承担证明责任，谁承担不利的诉讼后果，往往存在较大分歧。被告夏某获得原告刘某汇款是否具有法律上的根据，依被告夏某的主张是 A 单位支付欠 B 单位的货款（即获得利益有法律上的根据），原告刘某则主张是不当得利（即获得利益没有法律上的根据）。根据"谁主张、谁举证"的原则，原、被告双方均负有对自己的主张提供相应证据的义务，即被告夏某应对"获得汇款有法律上的根据"负举证责任，而原告刘某则对"被告获得汇款没有法律上的根据"负举证责任。

本案中，被告夏某并没有针对"A 单位支付欠 B 单位的货款"的主张提供欠款事实的证据，同样，原告刘某在被告夏某提出主张的情况下，也没有提出具有实质性意义的主张（如给付义务不存在或给付错误之事实或侵占等），更未举证证明。在原、被告素不相识，也无私人业务关系的情况下，原告刘某诉称为履行与C单位的合同（合同中有供方单位名称、开户银行、账号等汇款信息），将货款误汇入被告夏某在中国建设银行龙卡（卡号为4567××××××8910)的账户中，这是不能令人信服的，应属有意而为之。原告刘某给被告夏某的汇款行为实际上已构成了民事上的给付，在此情况下，对于原告刘某来说，应当提出欠缺给付目的或提出给付目的不存在或给付目的不能达到的主张，并提供相应的证据加以证明，因为，给付是有意识地增加他人财产的行为，必然有其目的和原因。因此，在双方对自己的主张均不能提供证明的情况下，"被告获得利益没有法律上的根据"这一要件事实真伪不明。在此情况下，法院既不能仅根据原告的主张，得出被告获得利益没有法律上的根据的事实是真的结论，从而判决原告胜诉；也不能对这一事实做出否定性的结论，直接认定被告获得利益有法律上的根据。只能依证明责任法进行裁判，即通过证明责任（结果责任）的分配决定胜负。

在我国，由于民法的系统化、法典化晚于诉讼法，在实体法中直接规定证明责任分配的条文极少。有关不当得利的问题，虽然在《民法通则》第九十二条及民法通则实施意见第一百三十一条进行了规定，但均没有对举证责任分配做出说明。即使在2002年4月实施的《最高人民法院关于民事诉讼证据的若干规定》中，也未能对不当得利案件的举证责任分配做出规定。一般认为，不当得利举证责任应由被告承担，理由是，被告既然得到利益，就应当提供取得该利益在法律上的依据。这种分配方法，看似有理，但仔细分析即可发现缺乏法理，并在个案中会导致裁判结果的不公，如同本案，在口头合同和信用卡结算日益普遍的今天，如果动辄以不当得利判决原告胜诉，岂不引起结算秩序的混乱，诚信的理念又如何树立。有鉴于此，不当得利案件的举证责任分配问题，应当以司法解释加以明确，或通过公布典型案例加以指导。在未明确前，应当以证明责任分配的通说理论——法律要件分类说作为裁判规则，即由主张权利发生的原告负证明责任。由于《最高人民法院关于民事诉讼证据的若干规定》第五条关于合同纠纷案件的举证分配是以法律要件分类说为理论基础而设置的，故在法律援引上，不当得利案件的证明责任分配可参照适用该条规定。

专家支招：

　　本案是一个利用证明责任进行裁决的典型案例。谁负有本案的证明责任，谁承担不利的诉讼结果，总之，主张成立不当得利的原告应当对三个要件负举证责任，即原告不仅应当证明被告获得利益并使自己受到损失，还应当证明被告获得利益没有法律上的依据。本案中，原告刘某应当就给付义务不存在或给付错误之事实负举证责任，原告刘某未能证明应当承担举证不能的结果，即应判决驳回原告刘某的诉讼请求。

37.企业之间的借贷有效吗？

❀　　❀　　❀

案例：

　　2008 年 9 月 23 日，上海某粮油公司与某某省某某县某粮油公司签订了一份《合作经营协议》，双方约定：上海公司出资 50 万元，不参加经营，不承担价格风险，只按时收回成本及收益。2008 年 10 月 6 日，上海公司向某某公司汇款 50 万元。合作协议到期后，某某省某某县某粮油公司既未返还本金，也未支付约定的收益。上海某粮油公司屡次索要出资款及收益，某某省某某县粮油公司均拒绝返还。上海某粮油公司将某某省某某县某粮油公司诉至法院，要求某某省某某县某粮油公司按合同约定支付本金及约定收益。

被告某某省某某县某粮油公司辩称：双方系合作联营关系，因经营不善发生亏损无力偿还，且合作双方应共同承担经营不善造成的损失，请求法院驳回上海某粮油公司的起诉。

某某省某某县人民法院一审判决上海某粮油公司与某某县某粮油公司签订的《合作经营协议》合同无效；某某公司必须于判决生效后10日内返还上海公司50万元。

专家解析：

本案争议的焦点是双方签订的投资协议是否有效，以及某某省某某县某粮油公司是否应该支付原告本金和约定收益。

《中华人民共和国商业银行法》第十一条第二款规定："未经中国人民银行批准，任何单位和个人不得从事吸收公众存款等商业银行业务。"最高人民法院《关于审理联营合同纠纷案件若干问题的解答》第四条关于联营合同中的保底条款问题规定："（一）联营合同中的保底条款，通常是指联营一方虽向联营体投资，并参与共同经营，分享联营的盈利，但不承担联营的亏损责任，在联营体亏损时，仍要收回其出资和收取固定利润的条款。保底条款违背了联营活动中应当遵循的共负盈亏、共担风险的原则，损害了其他联营方和联营体的债权人的合法权益，因此，应当确认无效。联营企业发生亏损的，联营一方依保底条款收取的固定利润，应当如数退出，用于补偿联营的亏损，如无亏损，或补偿后仍有剩余的，剩余部分可作为联营的盈余，由双方重新商定合理分配或按联营各方的投资比例重新分配。（二）企业法人、事业法人作为联营一方向联营体投资，但不参加共同经营，也不承担联营的风险责任，不论盈亏均按期收回本息，或者按期收取固定利润的，是明为联营，实为借贷，违反了有关金融法规，应当确认合同无效。除本金可以返还外，对出资方已经取得或者约定取得的利息应予收缴，对另一方则应处以相当于银行利息的罚款。(三)金融信托投资机构作为联营一方依法向联营体投资的，可以按照合同约定分享固定利润，但亦应承担联营的亏损责任。"

1996年《最高人民法院关于对企业借贷合同借款方逾期不归还借款的应如何处理的批复》："四川省高级人民法院：你院《关于企业拆借合同期限届满后借款方不归还本金是否计算逾期利息及如何判决的请示》(川高法〔1995〕223号)收悉。经研究，答复如下：企业借贷合同违反有关金融法规，属无效合同。对于合同期限届满后，借款方逾期不归还本金，当事人起诉到人民法院的，人民法院除应按照最高人民法院法(经)发〔1990〕27号《关于审理联营合同纠纷案件若干问题的解答》第四条第二项的有关规定判决外，对自双方当事人约定的还款期满之日起，至法院判决确定借款人返还本金期满期间内的利息，应当收缴，该利息按借贷双方原约定的利率计算，如果双方当事人对借款利息未约定，按同期银行贷款利率计算。借款人未按判决确定的期限归还本金的，应当依照《中华人民共和国民事诉讼法》第二百三十二条的规定加倍支付迟延履行期间的利息。"

联营是两个以上的企业之间或者企业、事业单位之间的横向经济合作关系的一种法律形式。从投资协议约定的内容看，双方约定一方投资不参加经营，不承担价格风险，不论联营盈亏与否，只按时收回成本及收益，排除了联营双方共担联营亏损的义务，显然违背了联营活动中应当遵循的共担风险、共负盈亏的原则，故应确认为无效。本案中，上海某粮油公司与某某省某某县某粮油公司《项目合作经营合同》约定及合同的实际履行情况，上海某粮油公司既不参加经营，也不承担经营风险，只是出资50万元，无论项目盈亏均按期收取固定利润。因此，该合同名为联营实为借贷，而两企业间的借贷行为，违反了国家有关法律和金融法规,应该属于无效合同,双方基于无效合同所取得的财产应予返还,故某某省某某县某粮油公司应向上海某粮油公司返还借款本金 50 万元。

专家支招：

应当说,我国司法将企业间借贷判为无效的做法由来已久：早在 1990 年最高人民法院在《关于审理联营合同纠纷案件若干问题的解答》第四条第(二)项中就指出："名为联营,实为借贷,违反了有关金融法规,应当确认合同无效。"1991 年最高人民法院经济审判庭在《关于刘水清与钟山县钟潮塑料工艺制品厂之间是否构成联营关系的复函》中对上述认识再次做了强调。1996 年最高人民法院在《关于对企业借贷合同借款方逾期不归还借款的应如何处理的批复》中亦明确规定："企业借贷合同违反有关金融法规,属无效合同。"

正是在最高人民法院的反复强调下,我国司法界似乎形成了"企业间借贷合同无效"的"思维定势",法官们都不由自主地把企业间借贷合同判为无效,并习惯将上述司法解释作为其判决理由。然而,需要注意的是,最高人民法院的解释虽始终强调:企业借贷合同违反了有关金融法规,但对"有关的金融法规"究竟是指何种法律或行政法规并未明示。这显然有悖审判公开原则。

1998 年最高人民法院曾就此专门"求教"于央行。而央行在《关于对企业间借贷问题的答复》中明确指出："根据《中华人民共和国银行管理暂行条例》第四条的规定,禁止非金融机构经营金融业务。借贷属于金融业务,因此非金融机构的企业之间不得相互借贷。企业间的借贷活动,不仅不能繁荣我国的市场经济,相反会扰乱正常的金融秩序,干扰国家信贷政策、计划的贯彻执行,削弱国家对投资规模的监控,造成经济秩序的紊乱。因此,企业间订立的所谓借贷合同(或借款合同)是违反国家法律和政策的,应认定无效。"

企业之间的借贷协议,违反法律法规,属无效合同,不会产生法律约束力,更不会得到法律的保护,因此企业之间不能签订借贷协议。

38.民间借贷案件如何举证?

案例:

刘某某在一审起诉中起诉称:闫某于 2012 年 7 月 1 日向刘某某借款 1000000 元,闫某承诺于 2012 年 12 月 24 日偿还刘某某所有借款。借款到期后刘某某多次向闫某索要借款,均未果。为维护刘某某的合法权益,特向法院起诉,刘某某诉讼请求为:(1)判令闫某返还刘某某借款 1000000 元;(2)诉讼费由闫某承担。

闫某在一审中答辩称:从未向刘某某借贷过,也不存在向刘某某借款 1000000 元的事实。此借条借款内容系刘某某在有闫某签名的空白纸上私自书写的,闫某对此借款内容完全不知,也没收到过刘某某的钱款。刘某某伪造借条的行为属于恶意勒索。不同意刘某某的诉讼请求。

一审法院审理查明:2012 年 7 月 1 日,闫某为刘某某出具借条,签名按手印,借条内容为:"今借现金 1000000,大写人民币壹佰万元整,还款日期 2012 年 12 月 24 日。借款人:闫某,2012 年 7 月 1 日。"庭审中,刘某某陈述其是以现金方式向闫某交付了借款 1000000 元。借款到期后,经刘某某多次索要未果,闫某至今尚欠刘某某借款 1000000 元未清偿。

一审法院判决认定:闫某向刘某某借款并出具借款手续,约定还款期限,双方之间形成了合法有效的民间借贷关系。刘某某以现金的方式交付给闫某所借之款项,闫某理应按约定的还款期限返还借款,对刘某某要求闫某返还借款的诉讼请求,该院予以支持。闫某辩称的从未向刘某某借款,根本不存在借款事实,刘某某所出具的借条系伪造,及对借条上的内容并不知情,借条上的签字系其练字时所写,手印不知何时所按的辩解意见,未提供证据加以证明,依据法律规定,当事人对自己提出的诉讼请求所依据的事实或者反驳对方诉讼请求所依据的事实有责任提供证据加以证明,没有证据或者证据不足以证明当事人的事实主张的,由负有举证责任的当事人承担不利后果,故对闫某的辩解意见,因其在庭审中未提供相关证据加以证明,该院不予采信。据此,依照《中华人民共和国合同法》第二百零六条、《最高人民法院关于民事诉讼证据的若干规定》第二条之规定,判决:闫某返还刘某某借款人民币1000000元(于判决生效后三十日内履行)。

闫某不服一审法院上述民事判决,提起上诉。其主要上诉理由是:民间借贷合同是实践合同,须完成借款的交付才能成立,在庭审中刘某某没有证据证实将借款交付给闫某,因此借款事实不能成立,而一审判决却只凭一张借条就认定双方借款事实成立,系适用法律错误。一审中,闫某请求法院到宾馆调查双方当事人在宾馆的住宿信息,一审法院没有调查,使得借条的真实性及形成的原因未能完全查清。刘某某每月收入几千元,而自称家中能常年存放百万元现金,将此巨款借出却无人知晓,有悖常理,一审未对刘某某百万元现金来源认真审查。因为闫某和刘某某之间的特殊关系,双方发生矛盾,刘某某胁迫闫某书写了借条。综上,闫某请求二审法院撤销一审判决,改判驳回刘某某的一审诉讼请求或发回重审。闫某向法院提供了证人张某、程某的证人证言作为新证据。

刘某某服从一审法院判决,其针对闫某的上诉理由答辩称:借条具有法律效力,没有胁迫过闫某,闫某也没有刑事报案,刘某某家曾经拆迁,有大笔拆迁款。综上,刘某某请求二审法院驳回闫某的上诉请求,维持一审判决。

二审法院经审查认为,闫某二审提交证人张某、程某的证人证言用以证明刘某某陈述的借款发生的日期,即2012年7月1日,其全天和张某、程某在一起,不可能与刘某某见面借钱。首先,上述证据不属于《最高人民法院关于民事诉讼证据的若干规定》第四十一条第(二)项规定的二审程序中新证据的范畴。其次,证人证言作为孤证,其证明力尚不足以推翻闫某所写借条的真实性。综上,对闫某提交上述证据,本院不予采信。

二审法院经审理认为:刘某某提供了闫某签名的借条证明其向闫某出借现金1000000元的事实,其陈述的借款过程亦不存在明显不合常理之处。闫某辩称双方之间不存在真实的民间借贷关系,借条系闫某在刘某某的要求下书写,但闫某就其该项主张未能提供证据予以证明,故对其该项上诉理由,本院不予采信。闫某申请一审法院去宾馆调取其与刘某某在宾馆的入住情况,本院认为,该申请与本案的争议焦点无关联性,调查结果亦不足以否认借条的真实性。综上,本院认定,刘某某与闫某之间形成合法有效的民间借贷关系,闫某未按借条约定的还款期限返还借款,刘某某的起诉请求,应予支持。综上,闫某的上诉理由,无事实及法律依据,本院不予采信,对其上诉请求,本院不予支持。一审判决认定事实清楚,适用法律正确,处理结果并无不当。依照《中华人民共和国民事诉讼法》第一百七十条第一款第(一)项的规定,判决驳回上诉,维持原判。

专家解析:

证明责任,是指当事人对自己提出的事实主张,有提出证据并加以证明的责任,如果当事人未能尽到上述责任,则有可能承担对其主张不利的法律后果。它的基本含义是:第一,当事人对自己提出的事实主张,应当提出证据；第二，当事人对自己提供的证据，应当予以证明，以表明自己所提供的证据能够证明其主张；第三，若当事人对自己的主张不能提供证据或提供证据后不能证明自己的主张，将可能导致诉讼结果的不利。

证明责任是一种不利的后果，这种后果只在作为裁判基础的法律要件处于真伪不明的状态时才发生作用。因此，真伪不明是证明责任发生的前提。如果作为裁判基础的法律要件事实是确定的，就不会发生承担证明责任的后果。真伪不明是一种状态，是指因为当事人没有证据或有证据但不能证明到使法官能够确信该待证事实存在与否的状态。法官在无法确定作为裁判基础的事实存在与否的时候，法官就要考虑根据法律规定应当由谁来承担因为该事实不明所带来的不利后果。例如，在借贷关系的诉讼中，如果债权人已经证明没有清偿，法院当然判决债务人返还，债权人胜诉。相反，债务人证明已经清偿，法院则驳回诉讼请求，债务人胜诉，这两种情况下均不存在证明责任后果的问题。但债权人没有能够证明债务人没有清偿债务，债务人也没有能够证明已经清偿，即债务人是否清偿债务的事实处于真伪不明状态时，就存在应当裁判由哪一方当事人承担后果的问题。因此，证明责任由谁承担的规定作为一种规范，其作用就在于当事实真伪不明时指导法院和做出裁判。

法院不是证明责任承担的主体，证明责任承担的主体是当事人。证明责任由哪一方承担是由法律、法规和司法解释预先确定的，因此在诉讼中不存在原告与被告之间相互转移证明责任的问题。例如，在请求返还借贷的诉讼中，关于借贷关系成立事实的证明责任始终都在请求还贷人一方。在法庭上，法官在原告陈述证据后，让被告陈述证据或对原告证明的反驳并不是证明责任的转移，只是当事人陈述证据的转换。

当事人提出证据对自己的主张加以证明是当事人的一项权利，即使该当事人对特定的事实的证明不承担证明责任，当事人也可以对该特定的事实提出证据加以证明。例如,已经还款事实的证明责任在还款人一方,如果关于是否还款的事实真伪不明时,还款人要承担相应的不利后果即败诉。但借款人也可以收集、提出证据证明还款人没有还款,以便在诉讼中争取主动,使没有还款的事实处于确切无误的状态,此时,法院也就无须适用证明责任的规则做出判决。权利人应当在诉讼中主动使自己的权利存在的事实处于确定的状态,而不是被动地等待权利存在的事实处于真伪不明的状态,然后适用证明责任的规则。

关于证明责任在当事人之间是如何分配的。我国《民事诉讼法》第六十四条规定的"当事人对自己提出的主张,有责任提供证据",学者们将其归纳为"谁主张,谁举证"原则。依此原则,无论是原告、被告、共同诉讼人、诉讼代表人,还是诉讼中的第三人,都有责任对自己的主张提供证据并加以证明。由于法律上关于证明责任的规定过于原则,为了适应司法实践的要求,最高人民法院在《证据规定》中对证明责任的分配做了一些具体的说明。主要内容有,第二条:"当事人对自己提出的诉讼请求所依据的事实或者反驳对方诉讼请求所依据的事实有责任提供证据加以证明。没有证据或者证据不足以证明当事人的事实主张的,由负有举证责任的当事人承担不利后果。"第五条:"在合同纠纷案件中,主张合同关系成立并生效的一方当事人对合同订立和生效的事实承担举证责任;主张合同关系变更、解除、终止、撤销的一方当事人对引起合同关系变动的事实承担举证责任。"

在本案中,刘某某拿出借条已经能证明自己与闫某之间具有借贷法律关系。而且该欠条也已经初步证明了刘某某已经支付给了闫某1000000元。闫某不能证明借条是虚假的,不能证明自己的意思表示不真实,所以要承担不利的后果。

专家支招:

借条是在借贷关系中由债务人向债权人出具的表明债权债务关

系的书面凭证。一旦借条出具，即表明双方存在借贷关系，除非有相反证据证明借条的出具另有他因。因此，如果被胁迫出具了借条，一定要及时报案。在偿还借款后，一定要把借条收回，防止出借人用借条再次起诉。

39.婚内夫妻之间的借款需要偿还吗？

❀　　❀　　❀

案例：

2008年上半年，陈先生与谭女士登记结婚。次年初，陈先生欲买车，但资金不够，便向谭女士借款。谭女士从其娘家借款5万元再借给陈先生，陈先生出具一份借款凭据，双方未对借款约定利息。借款后，陈先生一直未还款。2010年6月，陈先生起诉离婚未获准许。2011年6月，陈先生再次起诉离婚，因被告未到庭，法院缺席判决准许双方离婚，未处理该借贷问题。2013年6月，谭女士起诉要求陈先生返还借款5万元。陈先生认为借款是实，但全部用于家庭共同支出，故不应返还。

法院经审理后认为，婚姻关系存续期间，夫妻各方是身份特殊而又独立平等的民事权利主体，夫妻间发生的合法民事法律关系依法应予保护。谭女士从他人处借款5万元后再借给陈先生，陈先生又出具了借款凭据，该民事法律关系不违反法律规定，是谭女士、陈先生之间的合法借贷关系，依法应受法律保护。陈先生辩称5万元借款用于家庭共同支出，因未提供相关证据予以证实，法院不予采信。法院遂依法判决陈先生返还借款5万元给谭女士。

专家解析：

借款合同，是当事人约定一方将一定种类和数额的货币所有权移转给他方,他方于一定期限内返还同种类同数额货币的合同。在本案中,贷款方为妻子,借款方为丈夫,且借款发生在夫妻关系存续期间。法律并没有规定夫妻之间不允许借贷,在民事领域,法无禁止即允许,因此夫妻之间是可以借贷的。

夫妻之间的借贷协议是否有效,关键看两点,一是看所借的钱款是个人财产还是夫妻共同财产,一是看所借的钱款是否用于夫妻共同生活。如果所借的钱款属于夫或妻一方的个人财产,而且没有用于夫妻共同生活,不构成夫妻共同债务,那么夫妻之间的借款也是需要偿还的。

要了解夫妻一方的个人财产,首先要了解什么是夫妻共同财产。依照《婚姻法》的规定,夫妻共同财产是指夫妻双方或一方在婚姻关系存续期间所得的财产,但法律另有规定或当事人另有约定的除外。我国《婚姻法》第十七条规定了夫妻共同财产的范围:夫妻在婚姻关系存续期间所得的下列财产,归夫妻共同所有:(1)工资、奖金;(2)生产、经营的收益;(3)知识产权的收益;(4)继承或赠予所得的财产,但本法第十八条第三项规定的除外;(5)其他应当归共同所有的财产。夫妻个人财产,又称夫妻特有财产,是相对于共同财产而言的,指夫妻婚后在实行共同财产制时,依法律规定或依夫妻约定,夫妻各自保留的一定范围的个人所有财产。包括夫妻依法律的规定各自保留的个人财产和夫妻依约定各自保留的个人财产。关于夫妻个人财产的范围,我国《婚姻法》第十八条规定:有下列情形之一的,为夫妻一方的财产:(1)一方的婚前财产;(2)一方因身体受到伤害获得的医疗费、残疾人生活补助费等费用;(3)遗嘱或赠予合同中确定只归夫或妻一方的财产;(4)一方专用的生活用品;(5)其他应归一方的财产。夫妻对共同财产享有平等的所有权。不分份额平等地享受权利和承担义务。不能根据夫妻双方收入的有无高低,来确定其享有共有财产所有权的有无或多少。夫妻双方对于共同财产享有平等的占有、使用、收益、处分的权利。夫妻对其个人的财产可依自己的意愿独立行使占有、使用、收益和处分的权利,不需征得对方同意;同时,对婚姻关系存续期间夫妻一方所负的个人债务及其个人特有财产所生债务等,均应由夫妻个人财产清偿。

专家支招:

所借欠款是否用于夫妻家庭共同生活,目的是看该债务是否构成夫妻共同债务,如果构成夫妻共同债务,就要由夫妻共同偿还。夫妻共同债务是指夫妻双方或一方在婚姻关系存续期间为共同生活所负的债务。要构成夫妻共同债务,首先该债务关系一般发生在婚姻关系存续期间。这一特征明确了债务发生的时间界限,即从婚姻关系正式确立之时起至婚姻关系终止时止。《婚姻法解释(二)》第二十三条规定:"债权人就一方婚前所负个人债务向债权人的配偶主张权利的,人民法院不予支持。但债权人能够证明所负债务用于婚后家庭共同生活的除外。其次,借债的目的是为了夫妻共同生活的需要。只有因共同生活需要而发生的债务才能认定为共同债务,具体包括:夫妻为日常生活需要所负的债务、夫妻为履行法定抚养义务所负的债务、法律推定为共同债务的等情形。最后,夫妻对共同债务承担连带责任。"该债务不因双方离婚而免除,只要债权人的债权没有得到清偿,任何时候他都有权向夫妻任何一方请求全额清偿。《婚姻法解释(二)》第二十五条规定:"当事人的离婚协议或者人民法院的判决书、裁定书、调解书已经对夫妻财产分割做出处理的,债权人仍有权就夫妻共同债务向男女双方主张权利。一方就共同债务承担连带责任后,基于离婚协议或者人民法院的法律文书向另一方主张追偿的,人民法院应当支持。"第二十六条又规定:夫或妻一方死亡的,生存一方应当对婚姻关系存续期间的共同债务承担连带清偿责任。结合本案看,如果陈先生能够证明所借款项用于夫妻共同生活,即使所借的是谭女士的个人财产,陈先生的诉请也不会得到完全支持的。

40.借款让未成年人提供担保，担保有效吗？

案例：

1986年5月出生的李洪系某县某玉村村民。2012年11月23日，村民古彪向李洪短期借款25800元，央求时年17周岁的好友小伟为其担保，小伟碍于情面勉强答应，借款后，古彪为李洪出具格式借据一份，载明："借款金额为25800元、当月27日前一次性付清，如借款人逾期还款，则借款人除清偿借款本金外并应自借款之日起按月息贰分的利率付息；保证人小伟自愿以连带责任保证的方式为上述借款及逾期还款的约定利息提供担保，保证期间为本借据约定的还款期限届满之日起贰年。"古彪、小伟分别在借据的借款人处、保证人处签字按手印。该借款到期后经原告李洪催要未果，后于2013年底委托律师诉至法院，请求依法判令两被告偿还借款25800元及利息。

被告古彪经法院传票传唤无正当理由拒不到庭参加诉讼；在法定期间内亦未提供书面答辩。

庭审中，原告主张被告小伟提供担保时虽未满18周岁，但其经营店铺，能够以自己的劳动收入维持正常的生活水平，故有担保资格和能力，被告小伟对此不予认可，小伟之父对该担保事项拒绝追认，原告对其主张未提供相关证据予以证实；被告小伟辩解其提供担保的借款当时并未见实际交付，认为李、古之间并不存在真实的借款关系，原告对此不予认可，被告小伟未提供相关证据证实。

法院审理后认为：被告古彪向原告借款25800元、被告小伟提供担保,由二被告签字按手印的格式借据予以证实,事实清楚,证据充分,被告古彪对该借款应予偿还。被告小伟提供担保时未满18周岁,原告未提供证据证实被告小伟以自己的收入为主要生活来源,故被告小伟系限制民事行为能力人。被告小伟的法定代理人对其担保行为不予追认,故其担保无效,原告要求被告小伟承担担保责任,法院不予支持。

专家解析:

自然人的民事行为能力是指自然人能以自己的行为享有民事权利、承担民事义务的资格。它包括意思能力和责任能力。意思能力是指自然人可以判断自己的行为的法律后果的能力,即能通过意思表示享有民事权利、承担民事义务的能力,包括设定、变更或者消灭民事权利或者民事义务的能力。责任能力,又称不法行为能力,民事责任能力是指行为人对民事违法行为承担民事责任的能力。民事责任能力包括侵权责任能力和债务不履行责任能力。《民法通则》第一百三十三条第一款规定:"无民事行为能力人、限制民事行为能力人造成他人损害的,由监护人承担民事责任。监护人尽了监护责任的,可以适当减轻他的民事责任。"

依《民法通则》的规定,自然人的民事行为能力分为三类:完全民事行为能力、限制民事行为能力和无民事行为能力。这样划分的基础是智力状态,即意思能力,划分的基本标准是年龄。这样划分的意义在于保护无民事行为能力和限制民事行为能力人的利益,维护交易安全。

(1)完全民事行为能力

《民法通则》第十一条第一款规定:18周岁以上的公民是成年人,具有完全民事行为能力,可以独立进行民事活动,是完全民事行为能力人。自然人年满18周岁,一般来说身体和智力发育已经成熟,世界各国民事立法多以18周岁为成年人,具有民事行为能力。我国确定自然人年满 18 周岁为完全民事行为能力人的主要考虑是自然人的智力状况，而不是自然人的经济状况。年满 18 周岁的自然人没有经济收入的，例如在校学习的大学生，仍为完全民事行为能力人。《民通意见》第一百六十一条第二款规定：行为人致人损害时年满 18 周岁的，应当由本人承担民事责任；没有经济收入的，由抚养人垫付，垫付有困难的，也可以判决或者调解延期给付。这一做法的实质意义在于，一方面要求完全民事行为能力人独立承担民事责任，另一方面使受害人或者相对人的损失及时得到救济。

《民法通则》第十一条第二款规定：16 周岁以上不满 18 周岁的公民，以自己的劳动收入为主要生活来源的，视为完全民事行为能力人。这是关于完全民事行为能力人的特别规定。根据《民通意见》第二条，以自己的劳动收入为主要生活来源，是指能够以自己的劳动收入维持当地群众一般生活水平。将年满 16 周岁不满 18 周岁靠自己的劳动收入为主要生活来源的人视为完全民事行为能力人，有利于他们从事生产经营等活动，是对他们意思能力的尊重及合法利益的保护。

（2）限制民事行为能力

根据《民法通则》的规定，10 周岁以上的未成年人是限制民事行为能力人；不能完全辨认自己行为的精神病人是限制民事行为能力人。10 周岁以上的未成年人对事物有一定的识别能力和判断能力，可以实施日常生活必需的民事行为，进行某些获取法律上利益而不负义务的民事行为。但是，这些未成年人，毕竟处于发育阶段，一些重要的或复杂的民事行为应由他们的法定代理人代理或征得其法定代理人同意。不能完全辨认自己行为的精神病人，虽然有精神障碍，但并未完全丧失意思能力，能够进行适合其智力状况的民事行为，但对于比较复杂的或者重大的民事行为缺乏判断能力和自我保护能力。

关于限制民事行为能力人的行为能力所受限制的范围,《民法通则》对此只做了原则性规定,即他们只能进行与其年龄、智力、精神健康状况相适应的民事行为，其他比较复杂或者重大的民事行为应由其法定代理人代理或者征求其法定代理人的同意后进行。但限制民事行为能力人获得法律上利益的行为有效,这些行为主要有单纯遗赠的承诺、接受单纯赠予,以及不承担责任的限制民事行为能力人的代理行为。

（3）无民事行为能力人

《民法通则》第十二条第二款规定:"不满10周岁的未成年人是无民事行为能力人,由他的法定代理人代理民事活动。"第十三条第一款规定:"不能辨认自己行为的精神病人是无民事行为能力人，由他的法定代理人代理民事活动。"

本案中被告小伟在提供担保时尚未满18周岁,属于限制民事行为能力人，像担保这种重大复杂对其不利的民事行为应当由他的法定代理人代理,或者征得其法定代理人同意。虽然《民法通则》规定已满16周岁不满18周岁的公民,以自己的劳动收入为主要生活来源的,视为完全民事行为能力人,但原告不能对此进行很好的举证,因此应当承担败诉的不利后果。

专家支招:

进行民事法律行为特别是合同行为，一定要充分考虑行为主体是否具有完全民事行为能力,如果主体不适格,就会导致合同无效,导致当事人的合同目的不能实现。因此,和自然人签订合同,一定要查阅其身份证明,和法人签订合同,要查阅其营业执照和组织机构代码,防止因主体不适格而导致的合同无效。本案中,正是因为小伟为限制民事行为能力人,所以他不能订立担保协议,要使担保协议有效,必须其法定代理人同意。

41.合伙人要不要对合伙企业的债务承担连带责任?

案例:

2011 年至 2013 年,由被告人刘某、陈某、石某合伙创办的攸县某石料厂因生产需要向原告谢某借款金额 240 万元整,约定该笔借款至 2013 年 4 月 2 日还清,并以某石料厂的名义向谢某出具了借条。约定的还款期限到达后,谢某多次来到被告公司要求还款,但被告合伙负责人刘某均以生产经营困难为由拒绝还款。2013 年 9 月,谢某因多次催讨未果后将被告某石料厂告上法庭,并请求被告合伙人刘某、石某、陈某三人承担连带责任。

法院审理认为,被告向原告出具的借条合法有效,应按约以其全部财产对原告履行还款义务。刘某、陈某、石某系被告的普通合伙人,根据法律规定,普通合伙人应对合伙企业未能清偿的部分承担无限连带责任。因此,该院判决被告某石料厂在 20 日内偿还谢某借款 240 万元,被告合伙人刘某、石某、陈某对企业不能清偿的部分承担无限连带责任。

专家解析:

合伙企业是指由自然人、法人和其他组织设立的组织体,包括普通合伙企业和有限合伙企业两种类型。普通合伙企业的所有合伙人对合伙企业的债务都承担无限连带责任,有限合伙企业则包括普通合伙人和有限合伙人,前者对合伙企业债务承担无限连带责任,后者则只以其认缴的出资额为限对合伙企业债务承担责任。

合伙人共负盈亏,共担风险,对外承担无限责任,这也是合伙与公司的主要区别之一。公司股东按其出资比例和所持股份分享公司利润,当公司资不抵债时,股东只以其出资额为限或所持股份为限对公司债务承担责任,合伙人则既可按对合伙的出资比例分享合伙盈利,也可按合伙人约定的其他办法来分配合伙盈利,当普通合伙企业的合伙财产不足以清偿合伙债务时,合伙人还需以其他个人财产来清偿债务,即承担无限责任,而且任何一个合伙人都有义务清偿全部合伙债务(不管其出资比例如何),即承担连带责任。在有限合伙企业中,普通合伙人对合伙企业债务承担无限连带责任,有限合伙人则仅以其出资额为限承担有限责任。本案中,欠谢某的 240 万元为合伙企业的债务,该合伙企业为普通合伙企业,因此,当普通合伙企业的合伙财产不足以清偿合伙债务时,各合伙人还需要以其他个人财产来清偿债务。

专家支招:

由于合伙企业是人合性的组织,合伙企业法规定:合伙企业对其债务,应先以其全部财产进行清偿;合伙企业财产不足以清偿到期债务的,各合伙人应当承担无限连带清偿责任。因此,当对合伙企业享有债权的时候,可以一并起诉合伙企业和各合伙人。当合伙企业的财产不足以清偿债务时,请求合伙人对剩余部分承担无限连带责任。

42.离婚时,一方虚构债务怎么办?

案例:

何某的丈夫郭某多次起诉离婚,2013 年 10 月一审离婚判决上诉期间,女子何某的姐姐何某华向法院起诉何某和郭某借款3万元。江西省万安县人民法院审理了该起民间借贷纠纷案,一审判决驳回原告何某华的诉讼请求。

法院审理查明:原告何某华与被告何某系同胞姐妹关系。被告何某与被告郭某是夫妻关系。郭某于2009年6月至2011年12月在江西某监狱服刑。2008年以来,何某与郭某夫妻感情不和开始分居,郭某多次诉请离婚均未果。

何某华诉称:何某自2009年至2011年间因看病先后6次向原告借款3万元,并立下借据6张,由于是亲戚同意何某夫妇暂缓还款,直到2013年10月才得知两被告闹离婚,两被告是合法夫妻,何某借钱治病属于夫妻共同债务,且夫妻间有相互扶养帮助的义务。为此,诉请法院判令两被告归还借款3万元,并承担诉讼费。

何某辩称:向原告借款属实,借款金额也属实。

郭某辩称:原告与何某是亲姐妹,借钱不属实。2008年开始夫妻俩闹离婚,原告曾为夫妻俩进行调和,原告不可能短时间多次借钱给何某治病,何某也没有提供治病的依据,原告与何某是合伙欺诈要钱,庭审质证时原告没有提交借条原件,郭某否认借款事实。

法院审理后认为:根据民事诉讼证据规则,当事人对自己提出的诉讼请求的事实有责任提供证据加以证明。没有证据或者证据不足以证明当事人的事实主张的,由负有举证责任的当事人承担不利法律后果。原告何某华诉请被告何某、郭某归还借款3万元,仅向法院提交了借条复印件,负有提供证据证明借款事实的举证责任,虽然被告何某对借款事实予以承认,但何某与何某华系同胞姐妹有利害关系,且亦未向法院提交其他证据对此予以证明,被告郭某对何某与何某华之间的借款予以否认。经法院释明后,原告何某华明确拒绝提交证据原件。

综上,原告何某华诉请被告何某、郭某归还借款3万元证据不足,法院不予支持。

专家解析：

根据《婚姻法》第四十一条的规定,离婚时原为夫妻共同生活所负的债务,应由双方共同清偿。共同财产不足清偿的,或财产归各自所有的,由双方协议清偿,协议不成的,由法院判决确定。共同债务是指在婚姻存续期间为家庭共同生活包括为履行抚养、赡养义务所负的债务及家庭生产经营活动所负的债务,因而夫妻双方应对共同债务负连带责任。共同债务具体包括:为夫妻、家庭日常生产经营活动所负的债务;为抚养子女所负的债务;夫妻一方或双方为履行共同义务所负的债务;为一方或双方治疗疾病所负的债务;家庭在生产经营中所负的债务。夫妻共同债务的清偿方式主要有三种:一是共同清偿。由于夫妻对共同债务负有连带清偿的责任,因而双方对债务都有偿还的义务。二是协议清偿。如果共同债务不足清偿,或者财产归夫妻各自所有的,则由双方协议清偿。但双方对债务所达成的协议,只是夫妻内部的约定,并不足以对抗债权人,离婚的双方当事人对外仍负有连带清偿的责任。三是判决清偿。如果夫妻共同财产不足以清偿所欠债务,或者财产归夫妻各自所有,而双方对债务的偿还又达不成协议的,按照《婚姻法》的规定,此时就需要由人民法院根据双方的经济状况和所欠债务的性质等进行判决。离婚的当事人双方对外仍负有连带清偿的责任。

《婚姻法》第四十七条规定;离婚时,一方隐藏、转移、变卖、毁损夫妻共同财产或伪造债务企图侵占另一方财产的,分割夫妻共同财产时,对隐藏、转移、变卖、毁损夫妻共同财产或伪造债务的一方,可以少分或不分。离婚后,另一方发现上述行为的,可以向人民法院提起诉讼,请求再次分割附体共同财产。人民法院对前款规定的妨害民事诉讼的行为,依照民事诉讼法的规定予以制裁。

因此,对于一方虚构债务企图侵占另一方财产的行为,如果在离婚时知道,可以通过少分或不分共同财产加以处罚;如果事后知道,则可以请求法院再次分割夫妻共同财产。按照《婚姻法解释(一)》第三十一条规定,这一请求权的诉讼时效为二年,从另一方发现对方有擅自处理夫妻共同财产的行为之次日起计算。根据《民事诉讼法》第一百零二条的规定,伪造债务企图侵占另一方财产的行为如构成妨碍民事诉讼的行为的,人民法院可以根据情节轻重予以罚款、拘留;构成犯罪的,依法追究刑事责任。

专家支招:

夫妻离婚时,一方为了达到多占财产的目的而虚构债务的行为,是严重的侵权行为。对这种行为,有以下两种处理方法:一是通过少分或者不分共同财产加以处罚,一是赋予利益受损的一方再次分割夫妻共同财产的请求权。如果构成妨碍民事诉讼的行为的,人民法院可以根据情节轻重予以罚款、拘留;构成犯罪的,依法追究刑事责任。

43.债权人过期主张债权,担保人可以免除担保责任吗?

案例:

原告高某诉称:2008年6月,韦某在李某、时某的担保下,向原告借款5万元,约定借期1个月,月息3分。经多次催要,上述被告始终未还。2014年1月,原告诉至法院,请求判令三被告偿还借款5万元及利息并承担诉讼费用。

庭审中,债务人韦某自认借款属实且至今未还。

被告李某辩称,保证人享有诉讼时效抗辩权,在合同约定的债务履行期届满之日 2 年内,债权人从未向保证人主张过权利、提出还款要求或承担保证责任,直到起诉时才知该债务未还,担保期限已过,其依法应当免除本借款的保证责任。

被告时某辩称:借款未约定保证期限,但近 6 年来债权人从未向其主张过权利,依据担保法的规定其保证责任应当免除,请求驳回原告的诉讼请求。

法院经审理查明:2008 年 6 月被告韦某与原告高某签订《短期借款合同》,约定韦某向高某借款 5 万元,借期 1 个月,利息为 3 分;由被告李某为该借款承担连带保证责任,保证期限为主债务履行期限届满之日起 2 年;同日韦某向高某出具借据,载明借款 5 万元,由时某作为担保人在借据上签名,但未约定保证方式和保证期限。借款到期后未偿还。

被告李某、时某均主张超过担保期限,担保人的责任已免除。

法院审理后认为:借款合同是借款人向贷款人借款,到期返还借款并支付利息的合同。原告出具的借款合同及借据能够证实被告韦某向原告借款 5 万元,韦某认可该借款未偿还,因此被告韦某应偿还借款并应支付利息。

《中华人民共和国担保法》第十九条规定:"当事人对保证方式没有约定或者约定不明确的,按照连带责任保证承担保证责任。"据此,本案中时某的担保方式应认定为连带责任保证。

《中华人民共和国担保法》第二十六条规定:"连带责任保证的保证人与债权人未约定保证期间的,债权人有权自主债务履行期届满之日起 6 个月内要求保证人承担保证责任。在合同约定的保证期间和前款规定的保证期间,债权人未要求保证人承担保证责任的,保证人免除保证责任。"本案中,原告提供的证据不能充分证实在担保时效期间内原告要求被告李某、时某承担担保责任,故李某、时某的担保责任应予免除。

专家解析：

　　保证，是指第三人和债权人约定，当债务人不履行或不能履行其债务时，该第三人按照约定或法律规定履行债务或者承担责任的担保方式。这里的第三人称为保证人；债权人既是主合同的债权人，又是保证合同的债权人。保证期间为保证责任的存续期间，债权人请求保证人承担保证责任的期间，有约定时依约定，但约定的期间不得早于或者等于主债务的履行期间；当事人无约定，或者约定的期间早于或者等于主债务的履行期限的，债权人请求保证人的期间，应自主债务履行期届满之日始，至6个月届满时止；保证合同约定保证人承担保证责任直至主债务本息还清时为止等类似内容的，自主债务履行期届满之日起2年。在保证人有权行使先诉抗辩权的情况下，保证人不负迟延责任，于此期间，债权人不得以保证责任与他对保证人的债务加以抵消；债权人就申报债权后在破产程序中未受清偿的部分，要求保证人承担保证责任的，应当在破产程序终结后6个月内提出；最高额保证合同对保证期间没有约定或者约定不明的，如最高额保证合同约定有保证人清偿债务期限的，保证期间为自清偿期限届满之日起6个月。没有约定债务清偿期限的，保证期间为自最高额保证终止之日或者自债权人收到保证人终止保证合同的书面通知到达之日起6个月。在本案中，约定的担保期间和法定的担保期间都已经过了。因此，债权人不能要求李某、时某承担保证责任。

专家支招：

　　担保权的行使是有时效的，债权人如果没有在约定或法定的担保期间内行使担保权，担保人的保证责任将得到免除。在一般保证的情况下，保证期内，债权人未对债务人提起诉讼或者申请仲裁的，保证人免除保证责任。在连带责任保证的情况下,保证期内,债权人未要求保证人承担保证责任的,保证人免除保证责任。

44.单凭借条能要求借款人还款吗?

案例:

谢某经人介绍认识了李某。2013 年 5 月 10 日,因投资办公司资金周转困难,谢某找到李某借钱。两人协商一致,李某同意借给谢某 60 万元,并约定同年 12 月 31 日前还清借款。同日,谢某给李某出具借条:"今借到李某人民币 60 万元(此款 12 月 31 日前还清)"。

2014 年 4 月 16 日,李某认为谢某借款期限已经届满,谢某仍然没有偿还借款,遂向广西田阳县人民法院起诉,要求谢某偿还借款 60 万及违约金(按银行同期贷款利率计付)。

谢某辩称,谢某将借条交给李某后,李某没有将借款 60 万元交付给谢某,之后一直到现在李某仍然没有将借款交给谢某,双方不存在合法的借贷关系,不同意偿还李某 60 万元借款。

法院经审理后认为,合法的借贷关系受法律保护。根据《中华人民共和国合同法》第二百一十条的规定:"自然人之间的借款合同,自贷款人提供借款时生效。"即借款合同为实践性合同,双方不仅有借款的意思表示,而且出借人还须将借款交付借款人,合同方为成立。本案中,李某持有谢某写给的借条,谢某否认收到借款,双方之间不存在借款合同关系。

根据《最高人民法院民事诉讼证据的若干规定》第五条的规定:"在合同纠纷案件中, 主张合同关系成立并生效的一方当事人对订立和生效的事实承担举证责任。"本案交付借款事实应由李某负举证责任,但李某未举出证据证明其实际向谢某交付借款,且不能讲清当时给付现金的具体细节过程。李某作为一个具有完全民事行为能力人,在不充分了解借款人的基本情况,且没有任何担保的情况下,仅凭一张借条就向借款人一次性提供高达60万元的无息贷款,明显不符合常理。故认定双方未形成合法的借贷关系。李某主张当场支付自有现金给谢某,没有到任何银行提款,已实际履行借款给付义务,属合法借贷关系,但没有提供充分证据证实,法院不予采信。

因此法院一审判决驳回原告的起诉。

专家解析:

以合同的成立是否须交付标的物或者完成其他给付为标准,合同分为诺成性合同与实践性合同。诺成性合同,是指当事人各方的意思表示一致即成立的合同。实践性合同,又称要物合同,是指除双方当事人的意思表示一致以外,尚需交付标的物或者完成其他给付行为才能成立的合同。

区分诺成性合同与实践性合同的法律意义在于,二者成立的要件与当事人义务的确定不同。所谓合同成立的要件不同,是指诺成性合同仅以合意为成立要件,而实践性合同以合意和交付标的物或者完成其他给付为成立要件。所谓当事人的义务的确定不同,是指在诺成性合同中,交付标的物或者完成其他给付是当事人的给付义务,违反该义务便产生违约责任;而在实践合同中,交付标的物或完成其他给付,不是当事人的给付义务,只是先合同义务,违反它不产生违约责任,可能构成缔约过失责任。

根据《中华人民共和国合同法》第二百一十条的规定:"自然人之间的借款合同,自贷款人提供借款时生效。"也就是说,自然人之间的借款合同是实践合同,只有出借人把所借钱款交付给借款人之后,合同才能成立。本案中，李某持有谢某写给的借条，谢某否认收到借款，双方之间不存在借款合同关系，因此，李某不能追究谢某的违约责任，要追究也只能追究其缔约过失责任。

当事人对自己提出的事实主张，有提出证据并加以证明的责任，如果当事人未能尽到上述责任，则有可能承担对其主张不利的法律后果。我国《民事诉讼法》第六十四条规定："当事人对自己提出的主张，有责任提供证据"，学者们将其归纳为"谁主张，谁举证"原则。由于法律上关于证明责任的规定过于原则，为了适应司法实践的要求，最高人民法院在《证据规定》中对证明责任的分配做了一些具体的说明。主要内容有，第二条："当事人对自己提出的诉讼请求所依据的事实或者反驳对方诉讼请求依据的事实有责任提供证据加以证明。没有证据或者证据不足以证明当事人的事实主张的，由负有举证责任的当事人承担不利后果。"第五条："在合同纠纷案件中，主张合同关系成立并生效的一方当事人对合同订立和生效的事实承担举证责任；主张合同关系变更、解除、终止、撤销的一方当事人对引起合同关系变动的事实承担举证责任。"在本案的借款合同纠纷中，李某是履行交款义务人，交付借款事实应由李某负举证责任，但李某未举出证据证明其实际向谢某交付借款，且不能讲清当时给付现金的具体细节过程。因此李某应当承受不利的后果。

专家支招：

签订借款合同和履行借款义务是两个不同的法律行为，认定借贷关系的存在必须证明这两者的存在，既要出借人和借款人就借款事宜达成合意，又要证明出借人履行了借款义务。只能证明两者之一是得不到法院支持的。因此，对于出借人来说，在借款时，当数额较大时，最好通过银行转账，而不要交付现金。否则，当债权不能实现时，就有可能得不到法院的支持。

45.夫妻签订 AA 制协议,仍应偿还夫妻共同债务吗?

❁　　❁　　❁

案例:

王某,是一名大学生,毕业后,在一家企业上班,过着朝九晚五的生活。2009 年的夏天,在一次同学聚会上,她认识了李某,这个夏天,对王某来说,是美好而浪漫的,吃饭、看电影、逛街,日子过得非常开心。眼看到了谈婚论嫁的时候,王某对李某提出了要求,希望婚后两人实行 AA 制,原来王某是个独立性比较强的人,不喜欢花别人的钱,就是与李某在一起,她也坚持自己付款。李某思想上也是比较新潮的,就答应了王某。

婚后,两人签订了一份协议书,双方约定:"夫妻双方原则上实行 AA 制:个人收益归个人所有,个人的物品也归个人使用;用于共同生活的物品共同支出,双方各半承担;夫妇无共同债权债务,各自发生的债权债务自行承担……"

2010 年 2 月,李某投资一品牌服装专卖店时从其朋友张某某处借款 40000 元,双方约定一年内还款。后因李某经营不善,迟迟不能还款。在经过多次催促后,张某某将李某、王某夫妻告上法庭,要求二人还款。庭审中,被告王某认为自己无须承担还款责任,因为李某的借款及投资行为都是其个人行为,并且双方已经约定了家庭财产分配模式。原告张某某认为被告王某应当承担还款责任,因为夫妻间的约定不能对抗第三人。

法院审理后认为,根据《婚姻法》及相关法律可知,夫妻之间实行财产约定制,这个约定对夫妻有效,但不能对抗善意第三人。本案中李某借款应为个人债务，但张某某将王某告上法庭，王某须举证张某某知道其夫妻间的约定，否则其夫妻间的约定是不能对抗善意第三人的。综述，法院遂做出王某、李某夫妻共同偿还原告张某某借款40000元的判决。

专家解析：

约定财产制是指法律允许夫妻用协议的方式，对夫妻在婚姻关系存续期间所得财产所有权的归属、管理、使用、收益、处分以及家庭生活费用的负担和债务清偿、婚姻解除时财产的清算等事项做出约定，排除法定财产制适用的制度。我国《婚姻法》第十九条规定："夫妻可以约定婚姻关系存续期间所得的财产以及婚前财产归各自所有、共同所有或部分各自所有、部分共同所有。约定应当采用书面形式。没有约定或约定不明确的，适用本法第十七条、第十八条的规定。夫妻对婚姻关系存续期间所得的财产以及婚前财产的约定，对双方具有约束力。夫妻对婚姻关系存续期间所得的财产约定归各自所有的，夫或妻一方对外所负的债务，第三人知道该约定的，以夫或妻一方所有的财产清偿。"《婚姻法解释（一）》第十八条规定："婚姻法第十九条所称'第三人知道该约定的'，夫妻一方对此负有举证责任。"从上述条文可以看出，夫妻财产约定具有以下特征：

夫妻就财产关系进行约定是一种双方民事法律行为，必须符合民事法律行为的构成要件，才能有效。（1）约定的主体必须是完全民事行为能力的夫妻双方。约定不得由他人代理。（2）约定必须双方自愿。夫妻双方对约定的意思表示必须真实、自愿，凡以欺诈、胁迫手段或使对方违背真实意思做出的约定无效。（3）约定的内容必须合法。约定不得规避法律，或损害国家、集体和他人的利益。约定的内容不得超出夫妻财产的范围，如不得将其他家庭成员的财产或国家、集体及他人的财产列入约定财产的范围，不得规避养老育幼、清偿第三人债务等法律义务。(4)约定的方式必须符合法律规定。依现行《婚姻法》的规定,约定应当采用书面形式。即约定是要式行为,应当采取书面形式。那么,夫妻双方就财产关系所做的口头约定是否有效呢?根据《关于人民法院审理离婚案件处理财产分割问题的若干具体意见》第一条的规定:"如属于夫妻双方有争议的口头约定,不予承认其效力。如属于夫妻双方无争议的口头约定,除规避法律的外,为有效约定。"并且,依据《婚姻法》第十九条第三款规定的精神,如果第三人知道该口头约定,对该第三人具有法律效力。

《婚姻法》对夫妻财产约定的时间无限制。夫妻可以在结婚前,结婚时或者婚姻关系存续期间进行约定。关于约定的范围,对夫妻婚前财产和婚后所得财产均可以进行约定。关于约定的具体内容,可以约定婚前财产或者婚后财产归各自所有、共同所有或部分各自所有、部分共同所有。并且,根据民法的意思自治原则,夫妻还可以就财产的使用权、管理权、收益权、处分权等进行约定,也可以约定家庭生活费用的负担、债务清偿责任、婚姻关系终止时财产的清算及分割等。

约定的效力可以分为对内效力和对外效力两个方面。从对内效力看,以民法的意思自治原则,夫妻财产关系经双方约定成立后,无论是口头约定、书面约定或公证约定,均可立即发生对内效力,即对夫妻双方发生法律约束力。从对外效力看,为保护第三人的利益和维护交易安全,《婚姻法》第十九条第三款和《婚姻法解释(一)》第十八条规定,夫妻约定财产归各自所有的,对第三人负有告知义务,并对第三人知道该约定负有举证责任。即夫妻对财产关系的约定只有已告知第三人的,才能发生对外效力,对该第三人发生法律约束力。

夫妻对财产关系进行约定后,可以依法对约定进行变更或废止。约定时经过公证的,变更或废止约定时也要经过公证,才具有法律效力。

约定可能无效或被撤销。无效的夫妻财产约定,是指已经成立,但欠缺法律行为的有效要件而不能发生法律效力的约定。可撤销的夫妻财产约定,是指夫妻财产约定成立后,因约定有瑕疵,有撤销权的约定当事人可以诉请法院变更或撤销约定。关于约定的无效及撤销的条件,在现行《婚姻法》未做规定的情况下,应准用《民法通则》有无效民事行为及可撤销民事行为的规定。

在本案例中,王某、李某夫妻虽然约定了各自的债权债务归各自承担,但不能证明已经告知第三人张某某,因此应当承担不利后果,该笔债务不能被认定为李军个人债务,而应当被认定为夫妻共同债务,由王某、李某共同偿还。

专家支招:

夫妻约定财产归各自所有、债务归各自承担的,对第三人负有告知义务,并且对第三人知道该约定负有举证责任。夫妻财产约定只有告知第三人,才能对其发生法律约束力。因此,在李某向张某某借款的时候,应当书面告知张某某他和王某的夫妻财产约定,并让张某某在告知书上签字。当然,夫妻财产约定即使不能对抗善意第三人,在夫妻之间还是有效力的。

46.房产抵押未经登记要不要承担责任?

❀   ❀   ❀

案例:

2012年6月,被告余某以做生意需资金周转为由向原告兰某借款10万元,约定借期为一个月,未约定利息。借款当日被告余某向原告出具了借条一张,被告刘某在借条上以担保人的名义签字,同意以登记在其名下的商铺为被告余某的借款提供抵押担保，并将该土地使用权证及房屋使用权证交予抵押在原告兰某处。借款到期后，原告多次向两被告催讨借款未果，为此原告诉于法院请求判令被告余某偿还借款本金及利息损失，并要求被告刘某在提供财产担保的范围内承担违约责任。被告刘某辩称，被告签名提供担保抵押属实，但根据《担保法》的相关规定，不动产抵押需要到房管局办理抵押登记，否则不发生担保效力，故被告不应承担本案民事责任。

法院审理后认为，被告余某向原告兰某借款，并向原告出具了借条，双方民间借贷关系清楚明确，依法应受法律保护。被告在借款到期后应按约偿还原告借款，全面履行自己的还款义务，故应依法支持原告要求被告余某偿还借款本金及逾期利息损失的诉讼请求。

被告余某向原告借款时，被告刘某作为担保人在借条上签字同意以登记在其名下的商铺所有权及土地使用权为被告余某的借款提供抵押担保，并将相关证件抵押在原告兰某处，被告刘某以商铺为他人债务作抵押担保的意思表示清楚明确，根据相关法律规定，债务人或者第三人有权处分的建筑物、建设用地使用权可以抵押，第三人基于物权登记公示信赖而与权利登记人产生的法律关系应予以保护。被告刘某以其商铺为余某债务提供抵押担保，被告刘某与原告兰某之间的抵押担保合同成立且有效，因该抵押未办理登记，致使抵押物权尚未设立，但双方的抵押合同成立，被告刘某应依法承担合同责任，因签订抵押合同的目的是为了实现债务偿还，故具体违约责任的承担方式应为被告刘某在提供抵押担保的房产价值范围内承担债务补充清偿责任。被告刘某认为提供抵押但未办理抵押登记，抵押合同就不产生法律效力的抗辩意见没有法律依据，法院不予采纳。故对原告要求被告刘某承担合同责任的诉讼请求，应依法予以支持。

专家解析：

抵押权，是指债权人对于债务人或者第三人不转移债务而供担保的物或者财产权利，优先受偿其债权的权利。抵押人是抵押权人直接对抵押财产享有的权利，可以对抗财产所有人及第三人，因此抵押权是一种担保物权，其目的在于担保债的履行，而不在于对物的使用和收益。抵押权依抵押行为而设立。抵押行为是当事人（主债权人和主债务人或者第三人）以意思表示设定抵押权的双方民事行为，其具体表现形式为抵押合同。根据我国《物权法》的规定，设定抵押权，当事人应当采取书面形式订立抵押合同。根据《物权法》的规定，以建筑物和其他土地附着物抵押，应当办理抵押登记，抵押权自登记时设立。《物权法》第九条规定，不动产物权的设立、变更、转让和消灭，经依法登记，发生效力；未经登记，不发生效力，但法律另有规定的除外。但需要注意，不动产登记的效力与不动产变动的合同效力是两个不同的法律问题。《物权法》第十五条规定，当事人之间订立有关设立、变更、转让和消灭不动产物权的合同，除法律另有规定或者合同另有约定外，自合同成立时生效；未办理物权登记的，不影响合同效力。

在未办理抵押登记的情况下，抵押人与债权人之间所创设的这种担保权利在性质上属于债权，是介乎保证与抵押权之间的不规则担保，属于非典型担保之一。所谓非典型担保，主要是指实践中当事人所设立的有某种典型担保之名但欠缺某些法定实质要件的担保，如当事人约定设立不需经登记的不动产抵押权、股权质权等，或将法律规定的担保财产之外的某种权利设立抵押或质押担保，第三人以其某一指定的财产为限提供保证担保等，均属此类。本案所涉及的这种不规则担保与保证的相同之处在于二者均属于人保的范畴，性质上为债权担保，不同之处在于保证系以保证人不特定财产进行担保，而本案系以特定物进行担保。这种不规则担保与抵押权的相似之处在于二者均以特定物提供担保,不同之处在于前者属于债权担保,后者属于物权担保。

无论抵押人是否违反办理抵押登记的义务,根据区分物权效力和合同效力的原则,只要抵押合同有效,债权人就可以要求抵押人承担抵押合同上的担保义务。所不同的是,当抵押人违约未办理抵押登记时,登记请求权(登记不能时为损害赔偿请求权)和抵押合同上的担保请求权,债权人可择一行使;未办理抵押登记与抵押人无关时,债权人仅能要求抵押人承担抵押合同上的担保义务。当债权人要求抵押人承担抵押合同上的担保义务时,抵押人应以抵押物的价值为限承担连带清偿责任,而非补充清偿责任。因为当事人之间订立抵押合同的意思就表明,抵押人同意以抵押权的实现方式来清偿债权,也就是说,只要主债务人未依约向债权人清偿债务,债权人就可以就该标的物变价来实现其债权。所不同的是,在办理了抵押登记的情况下,债权人可以直接行使抵押权,在未办理抵押登记的情况下,债权人只能请求抵押人在抵押物价值范围内承担担保义务,该权利属于债权范畴。由当事人设定抵押的意思表示所决定,抵押人不享有先诉抗辩权。在债权人基于自身利益判断,未要求抵押人办理抵押登记的情况下,由于抵押人不存在违约行为,法院判决抵押人在抵押物价值范围内承担连带清偿责任,本质上属于担保人依照抵押合同承担的担保义务,因为民事责任是违反民事义务的结果,民事责任与担保的性质不同。

这种担保应以抵押物价值为限,《合同法》第一百一十三条规定,当事人一方不履行合同义务或者履行合同义务不符合约定,给对方造成损失的,损失赔偿额应当相当于因违约所造成的损失,包括合同履行后可以获得的利益,但不得超过违反合同一方订立合同时预见到或者应当预见到的因违反合同可能造成的损失。该条款确定了违约方应赔偿非违约方的可得利益损失。可得利益损害赔偿是指,通过违约损害赔偿应使守约方的全部损害得到填补,守约方的利益状态到达如同合同得到实际履行一样,但不能超过守约方签订合同时可以预见的利益状态。

债权人与抵押人签订抵押合同时，债权人可以预见的利益状态只能是以该抵押物的价值优先受偿，因此，当抵押人违约时，抵押人承担的损害赔偿责任也应以抵押物的价值为限，否则就超过了可得利益损失的赔偿范围。

专家支招：

在抵押合同有效未办理抵押登记的情况下，债权人享有两种请求权。第一种是登记请求权，所谓登记请求权，是指登记权利人针对登记义务人，请求协力于登记申请的权利。无论抵押合同是否对抵押登记进行约定，抵押人均有义务协助债权人办理抵押登记，债权人对抵押人享有登记请求权。第二种权利是抵押合同上的担保权，即债权人要求抵押人依照抵押合同承担合同上的担保义务的权利。具体来说，债权人与抵押人订立抵押合同后，在抵押合同有效的前提下，债权人可以行使登记请求权，请求抵押人协助办理抵押登记，设立抵押权，就抵押物取得一个优先于其他债权人的受偿权。当然，债权人也可以基于自身利益的判断，不行使登记请求权，而是通过行使抵押合同上的担保权来保障其债权的实现，即不通过抵押登记将要求抵押人承担担保义务的债权请求权转化为抵押权，将担保停留在债权担保状态，以一个债权担保另一个债权。比如，债权人认为抵押人并无其他债权人，故无需设立能够对抗其他人的抵押权；再如债权人认为，借款期限较短，进行抵押登记手续烦琐，且需费用，仅依抵押合同所产生的债权请求权即可保障其债权，无需通过抵押登记设立抵押权；还有一种情形，如案例中所示，债权人认为抵押人已经将房产证交给自己，不办理登记不存在大的风险。这主要因为债权和物权均具有担保功能，所不同的是后者具有对抗第三人的效力，而前者不具备。由于每个人都是自身利益的最佳判断者，基于意思自治原则，法律允许债权人根据自己的判断来决定通过新设一债权抑或新设一物权对自己的债权进行担保，区分原则为实现当事人的

此种意思自治提供了一种有效途径

47.继承人必须偿还被继承人的债务吗？

案例：

　　黄某某因资金周转发生困难，于 2011 年 11 月 20 日向原告黄某勇借款 10000 元、2011 年 12 月 18 日借款 10000 元，均写有借条。2012 年 3 月 29 日，黄某某因病去世，由于病发突然，所欠借款尚未偿还。被告黄某戏是黄某某的母亲、被告黄某是黄某某的女儿，黄某某生前在工商局小区 85 号建有天地楼一栋，由两被告继承。原告认为原告与黄某某之间形成了民间借贷关系，由于黄某某已去世，被告黄某戏、黄某应在继承黄某某遗产的范围内偿还债务，2012 年 10 月 26 日诉至法院，请求判决两被告偿还其借款 20000 元。

　　法院审理认为，原告与黄某某之间的借贷关系依法成立，合法有效，应受法律保护。黄某某作为借款人，应履行还款义务。借款人黄某某死亡后，依照法律规定，继承遗产应当清偿被继承人依法应当缴纳的税款和债务，缴纳税款和清偿债务以他的遗产实际价值为限；继承人放弃继承的，对被继承人依法应缴纳的税款和债务可以不负偿还责任。现两被告未明确表示放弃继承，故应以继承黄某某遗产的实际价值为限承担清偿债务责任。因此，某某县人民法院判决两被告黄某戏、黄某在继承黄某某的遗产实际价值范围内清偿原告黄某勇借款 20000 元。

专家解析：

　　所谓被继承人的债务，是指被继承人生前欠下的，用于被继承人生产、生活需要所负的债务或其他依法应当由其个人承担法律责任的债务。被继承人的债务主要包括以下几类：(1)被继承人依照我国税法的规定应当缴纳的税款；(2)被继承人因合同之债欠下的债务；(3)被继承人因侵权行为而承担的损害赔偿的债务；(4)被继承人因不当得利而承担的返还不当得利的债务；(5)被继承人因无因管理而承担的补偿管理人必要费用的债务；(6)其他属于被继承人个人的债务，如合伙债务各属于被继承人应当承担的债务、被继承人承担的保证责任等。

被继承人的债务是一种法定或约定的义务，是基于被继承人生前所为的民事行为而产生的，以其生存时为限，故自继承开始后因丧葬及处理继承债务所形成的费用，不应列入其中。依我国民间习惯做法，安葬死者是继承人的义务，其费用应由继承人自行承担。而处理继承债务所形成的必要费用，具有遗产优先偿付的效力，不能纳入被继承人的生前债务之中。

根据我国法律的规定，继承人在继承了被继承人财产权利的同时，也要承担偿还被继承人债务的义务。根据有限清偿原则，继承人所承担的清偿被继承人生前所欠的税款和债务的义务，仅以其继承遗产的实际价值为限。超过遗产实际价值的部分，继承人不负清偿义务。当然，如果继承人自愿承担偿还义务，法律也不禁止，而且偿还后继承人不得以自己不知道只应承担有限清偿义务而要求返还超过遗产实际价值的那部分。《继承法》第三十三条规定："继承遗产应当清偿被继承人依法应当缴纳的税款和债务，缴纳税款和清偿债务以他的遗产实际价值为限。超过遗产实际价值部分，继承人自愿偿还的不在此限。继承人放弃继承的，对被继承人依法应当缴纳的税款和债务可以不负偿还责任。"

只有继承人接受继承时，才依法承担被继承人的债务；如果继承人不接受继承，则无须承担。依我国《继承法》规定："继承人负有为被继承人缴纳税款和偿还债务的义务。"但是该法第三十三条第二款又规定：

"继承人放弃继承的,对被继承人依法应当缴纳的税款和债务可以不负偿还责任。"

《继承法》第十九条规定:"遗嘱应当对缺乏劳动能力又没有生活来源的继承人保留必要的遗产份额。"《执行继承法意见》第六十一条规定:"继承人中有缺乏劳动能力又没有生活来源的人,即使遗产不足清偿债务,也应为其保留适当遗产,然后再按《继承法》第三十三条和《民事诉讼法》第一百八十条的规定清偿债务。"这些都是贯彻我国养老育幼原则的具体体现。在清偿被继承人债务时,即使遗产的实际价值不足以清偿债务,也应当为需要特殊照顾的缺乏劳动能力又没有生活来源的继承人保留适当的遗产,以满足其基本生活的需要。

按照《执行继承法意见》第六十二条的规定,为了保护债权人的利益,同时考虑到各种继承方式的法律效力,清偿被继承人的债务应当遵循以下顺序:首先由法定继承人在遗产实际价值范围内用其所得遗产清偿被继承人的债务,如不足清偿被继承人的全部债务时,剩余的债务则由遗嘱继承人和受遗赠人按比例用所得的遗产清偿;如果只有遗嘱继承人和受遗赠人取得遗产的,则应由遗嘱继承人和受遗赠人按比例用所得遗产清偿被继承人的债务。之所以如此做法,是因为,"限定继承"原则同样适用于遗嘱继承方式。在被继承人用遗嘱仅指定遗嘱继承人取得其遗产中的财产权利而对其财产义务的负担未做任何安排的情况下,为了保护债权人的合法权益,就必须由表示接受继承的遗嘱继承人承担清偿被继承人债务的责任。至于受遗赠人之所以也要在遗产分割后以其取得的遗产承担清偿被继承人债务的责任,这是由清偿被继承人债务优先于遗赠的法律原则决定的。

对于被继承人的债务,法律确定"先法定继承人,后遗嘱继承人和受遗赠人"的清偿责任顺序,体现了"遗嘱继承和遗赠优先于法定继承"的原则,表现出对被继承人的意愿以及遗嘱继承人和受遗赠人按照遗嘱取得遗产的权利的尊重。

另外,要注意的是,在分割遗产时,应先清偿税款和债务,然后才能涉及执行遗嘱中关于遗赠的交付问题。如果清偿后遗产无剩余,遗赠也就不能执行。

专家支招：

被继承人的债务是为了满足被继承人生前需要所欠的、应由其清偿的份额。在对被继承人生前债务清偿时,要注意区分被继承人个人债务和家庭债务。个人债务是被继承人生前以个人名义,并且为个人所需欠下的债务,应列入遗产范围,以遗产的实际价值清偿。遗产的实际价值不足以全部清偿个人债务的,被继承人的家属没有义务代为清偿。被继承人生前以个人名义,但为家庭生活所需欠下的债务,为家庭债务,应首先以家庭共有财产清偿,不能直接作为个人债务。

48.未约定还款期限,借款利息是否会过诉讼时效?

案例：

2011年2月10日,李某向周某借款10万元,双方约定月息2分,利息按月支付,但未约定还款期限。李某在支付了5个月的利息后就未再支付本金及利息。2014年4月10日,周某向法院起诉,要求李某支付本金及利息,李某辩称本案支付本金及利息的诉请已过诉讼时效。

专家解析：

诉讼时效是指权利人在法定期间内不行使权利,义务人便享有抗辩权,从而导致权利人无法胜诉的法律制度。即诉讼时效经过以后,权利人向人民法院提起诉讼,人民法院应予受理。当事人在诉讼中未提出诉讼时效抗辩,人民法院不应对诉讼时效问题进行释明及主动适用诉讼时效的规定进行裁判。

关于诉讼时效的效力,《民法通则》第一百三十八条规定:"超过诉讼时效期间,当事人自愿履行的,不受诉讼时效的限制。"《诉讼时效若干规定》第四条规定:"当事人在一审期间未提出诉讼时效抗辩,在二审期间提出的,人民法院不予支持,但其基于新的证据能够证明对方当事人请求权已过诉讼时效期间的情形除外。""当事人未按照前款规定提出诉讼时效抗辩,以诉讼时效期间届满为由申请再审或者提出再审抗辩的,人民法院不予支持。"由此可见,我国立法和现行司法解释采取的是抗辩权发生主义,即时效完成后,义务人取得拒绝履行的抗辩权。如义务人自动履行,视为放弃其抗辩权,该履行行为有效。

诉讼时效期间的起算,又称诉讼时效期间的开始,是指从什么时候开始计算诉讼时效。《民法通则》第一百三十七条规定:"诉讼时效期间从知道或者应当知道权利被侵害时起计算。"诉讼时效的开始是权利人可以行使权利的时间,该权利的行使以权利人知道或者应当知道自己的权利受到侵害为前提。所谓的"应当知道",是一种法律上的推定,不管当事人实际上是否知道权利受到侵害,只要客观上存在知道的条件和可能,即使当事人不知道其权利受到侵害,也应当开始计算诉讼时效期间。这一规定的目的,是为了防止权利人以不知道权利被侵害为借口而规避诉讼时效。

《合同法》第一百九十六条规定:"借款合同是借款人向贷款人借款,到期返还借款并支付利息的合同。"第二百零五条规定:"借款人应当按照约定的期限支付利息。对支付利息的期限没有约定或者约定不明确,依照本法第六十一条的规定仍不能确定,借款期间不满一年的,应当在返还借款时一并支付;借款期间一年以上的,应当在每届满一年时支付,剩余期间不满一年的,应当在返还借款时一并支付。"因此,根据体系解释,《合同法》第二百零六条规定的借款仅仅指借款本金,不包括借款利息。因此,借款利息不适用《合同法》第二百零六条的规定,其在贷款人未催告借款人返还前还是有计算诉讼时效的可能。

同一债务分期履行应与定期给付债务相区分,定期给付债务是继续性合同在合同履行过程中持续定期发生债务,比如在租赁关系中,出租人与承租人的债权债务是在合同履行中不断产生的,承租人支付的每一期租金都是其在一定时期使用租赁物的对价,在使用租赁物之前,租金债务并未发生,因而在各期债务清偿期届满后,出租人对承租人的债权都是独立的,诉讼时效的起算也因每笔债务的独立性而分别计算。显然本案的利息支付属于定期给付债务而非同一债务的分期履行,因此不适用《最高人民法院关于审理民事案件适用诉讼时效制度若干问题的规定》第五条的规定,即"当事人约定同一债务分期履行的,诉讼时效期间从最后一期履行期限届满之日起计算"。因此,本案的借款利息的诉讼时效应分别计算。

本案中,借款人李某自 2011 年 8 月便不再支付利息,此时贷款人周某知道或应当知道其 8 月份借款利息支付请求权已被侵害,此时即是 8 月份借款利息支付请求权诉讼时效计算的开始。同理,贷款人于 2014 年 4 月 10 日起诉,因诉讼时效为 2 年,法院最多只能支持 2 年的借款利息,即 2012 年 4 月 10 日之前的利息已过诉讼时效。

专家支招:

因为有诉讼时效制度的存在,作为权利人,我们一定要及时行使权利。西方法谚有言:法律帮助勤勉人,不帮助睡眠人。权利人如果不及时行使权利,就可能导致权利的丧失或者不受法律保护或者使义务人取得权利。及时行使权利还可以避免诉讼上的举证困难,一种事实状态长期存在,必致证据湮灭,证人死亡,此事实状态是否合法,很难证明。实行时效制度,凡时效期间届满,即认为权利人丧失权利或者不受法律保护,便于及时确定法律关系。

49.主动偿还部分借款是否引起诉讼时效中断?

案例:

2009 年 3 月,刘某向朋友张某借款 10 万元用于经营,约定使用一年并按银行利率支付利息。到期后,刘某未及时偿还借款,张某出于朋友情面考虑也未曾向刘某索要欠款。2013 年 7 月,张某的母亲因病住院,刘某得知后主动向张某偿还了 5 万元借款。后张某于 2014 年 3 月向刘某索要余款,刘某一直推托未还。张某遂起诉至法院,要求刘某偿还剩余借款 5 万元。刘某以张某从未主动索要借款,该笔借款已超过诉讼时效为由抗辩。张某则称,刘某在 2013 年的主动还款行为,视为对该笔借款的重新确认,故诉讼时效应重新计算。

专家解析:

诉讼时效中断,是指在诉讼时效进行中,因法定事由的发生致使已经进行的诉讼时效期间全部归于无效,诉讼时效期间重新计算。《民法通则》第一百四十条规定:"诉讼时效因提起诉讼、当事人一方提出要求或者同意履行义务而中断。从中断时起,诉讼时效期间重新计算。"诉讼时效中断与中止都是阻却时效完成的障碍,但时效中止为暂时性的障碍,而时效中断为根本性障碍,故时效中断后,时效期间重新开始进行。本案刘某主动偿还部分欠款的行为能否引起诉讼时效中断呢? 答案显然是否定的。

首先，根据《民法通则》第一百三十八条的规定，"超过诉讼时效期间，当事人自愿履行的，不受诉讼时效限制"。本案中，因张某一直未曾要求刘某还款，该笔10万元借款的诉讼时效自借款使用期满之日即2010年3月起算，至2012年3月届满。刘某于2013年7月的还款行为，是其在该笔借款已经超过诉讼时效的前提下进行的自愿履行行为，该行为不受诉讼时效的限制。

其次，《最高人民法院关于贯彻执行〈中华人民共和国民法通则〉若干问题的意见》（下称《意见》）第一百七十三条规定："诉讼时效因权利人主张权利或者义务人同意履行义务而中断后，权利人在新的诉讼时效期间内，再次主张权利或者义务人再次同意履行义务的，可以认定为诉讼时效再次中断。"由此可以认定，该条规定的适用有一个前提，即诉讼时效的中断只能发生在诉讼时效期间内。此时权利人主张权利或义务人同意履行的行为当然导致诉讼时效中断，且无次数限制。但在本案中，因该笔10万元借款本身已超过诉讼时效，故刘某主动偿还部分借款的行为并不导致诉讼时效中断。

最后，《意见》第一百七十一条规定："过了诉讼时效期间，义务人履行义务后，又以超过诉讼时效为由翻悔的，不予支持。"该规定是对债务人在对超过诉讼时效期间的履行行为有效性的认定，规定债务人不得以已过诉讼时效为由向债权人主张不当得利请求权。具体到本案中来，即刘某不能以已超过诉讼时效为由要求张某返还其已偿还的5万元。也不能以此为由，将刘某部分还款的行为性质，强制认定为是其对债务的重新确认的明确意思表示。因此，基于刘某以超过诉讼时效为由抗辩，应当驳回张某的诉讼请求。

专家支招：

诉讼时效制度可以督促权利人及时行使权利。若权利人能行使权利而长期不行使,使义务人的法律地位长期处于不确定状态,将导致当事人间社会关系的事实状态和法律状态长期不一致, 不利于当事人建立新的、确定化的社会关系,不利于财产的有效利用和正常流转。诉讼时效制度还可以减轻法院的审判负担。时效期间届满的案件往往因年深日久,证据难以查找,而权利人虽有权利,亦往往难以举证,以致案件的真假是非难以判断,故实行时效制度,有利于法院对案件的审理。作为权利人,我们一定要在法定诉讼时效期间行使自己的权利,寻求公权力的救济,这样才能得到公权力的支持。

50.物保与人保并存时债权应当如何实现?

案例:

　　李某向某银行贷款 500 万元,以自有房产设定抵押,并办理了抵押登记。李某的朋友张某为该笔债务提供连带保证。后李某届期无力清偿贷款,某银行起诉至法院要求张某清偿该笔债务。张某辩称,银行应先实现李某房产的抵押权,之后才能要求张某承担保证责任。

专家解析:

　　一般地说,债务人对于自己负担的债务,应当以其全部财产负履行义务,即债务人的全部财产为其债务的总担保。在债务不能履行时,债权人得请求人民法院以法定程序变卖债务人的财产, 以其价金清偿债权。债权不具有排他性,因而对于同一债务人,不妨碍有同一内容或者不同内容的数个债权并存。对于同一债务人,可能发生负债超过其财产总额的情况,而一切债权都处于平等地位,其间并不发生顺位的问题。

同一债务人的数个债权人,对债务人的财产都平等享有债权,如果债务人的财产不足以清偿总债权时,就要依各债权人的债权额按比例分配,债权人的债权就会得不到完全清偿,这是一个方面。另一方面,债权也不具有追及性,在债务人让予财产于他人时,该部分财产即失去担保的性质,因而可能发生债务人以让予财产的行为而损害于债权人的结果。可见,即使债务人现时有充分的财产负担债务,但债务人可随时增加债务额,又可随时让予财产于他人,债权人仍有债权得不到清偿的危险。债权人为避免这种危险,乃依靠特别担保方法保障债权。这种特别担保方法有人的担保、物的担保、金钱担保三种。人保指的是第三人和债权人约定,当债务人不履行其债务时,该第三人按照约定履行债务或者承担责任的担保方式。这里的第三人叫作保证人,如本案中的张某;这里的债权人既是主债的债权人,又是保证合同中的债权人,如本案中的银行。物保又称担保物权,是指为确保债权的实现,在债务人或者第三人的物上设定的以直接取得或者支配其交换价值为内容的权利。李某以自己的房产提供的抵押就是物保的一种,此时,无论债务人是否负担其他债务,也不论债务人是否将此担保物让予他人,债权人对此担保物得优先直接行使其权利,以供债权清偿。

物的担保与人的担保的并存是指,同一债权,既有以担保物权的形式担保债权(即物保),又有以第三人与债权人订立保证合同的形式担保债权(即人保)。对这种物保与人保并存的情况,在理论上称混合共同担保。混合共同担保的特点有二:一是被担保的债权为同一债权;二是既有物保,又有人保。

专家支招:

《物权法》第一百七十六条规定:"被担保的债权既有物的担保又有人的担保的,债务人不履行到期债务或者发生当事人约定的实现担保物权的情形,债权人应当按照约定实现债权;没有约定或者约定不明确，债务人自己提供物的担保的，债权人应当先就该物的担保实现债权；第三人提供物的担保的，债权人可以就物的担保实现债权，也可以要求保证人承担保证责任。提供担保的第三人承担担保责任后，有权向债务人追偿。"该条区分了两种类型三种情况，分别做了不同的规定。第一种类型，被担保的债权既有物的担保，又有人的担保的，债务人不履行到期债务或者发生当事人约定的实现担保物权的情形，债权人应当按照约定实现债权。这样规定体现了当事人意思自治。第二种类型，没有约定或者约定不明确的，其中又分为两种情况：一种情况是，债务人自己提供物的担保的，债权人应当先就物的担保实现债权。这样规定可以避免保证人履行保证义务后，再向债务人追偿的程序，有利于提高经济效益，减少社会成本。另一种情况是，第三人提供物的担保的，债权人可以就物的担保实现债权，也可以要求保证人承担保证责任。这样规定使提供物保的人与保证人处于平等的地位，由债权人行使选择权，比较公平。另外，提供担保的第三人承担担保责任后，有权向债务人追偿。

附录一：

《中华人民共和国合同法》关于借款合同的规定（节录）

第十二章 借款合同

第一百九十六条 借款合同是借款人向贷款人借款，到期返还借款并支付利息的合同。

第一百九十七条 借款合同采用书面形式，但自然人之间借款另有约定的除外。

借款合同的内容包括借款种类、币种、用途、数额、利率、期限和还款方式等条款。

第一百九十八条 订立借款合同，贷款人可以要求借款人提供担保。担保依照《中华人民共和国担保法》的规定。

第一百九十九条 订立借款合同，借款人应当按照贷款人的要求提供与借款有关的业务活动和财务状况的真实情况。

第二百条 借款的利息不得预先在本金中扣除。利息预先在本金中扣除的，应当按照实际借款数额返还借款并计算利息。

第二百零一条 贷款人未按照约定的日期、数额提供借款，造成借款人损失的，应当赔偿损失。

借款人未按照约定的日期、数额收取借款的，应当按照约定的日期、数额支付利息。

第二百零二条 贷款人按照约定可以检查、监督借款的使用情况。借款人应当按照约定向贷款人定期提供有关财务会计报表等资料。

第二百零三条 借款人未按照约定的借款用途使用借款的，贷款人可以停止发放借款、提前收回借款或者解除合同。

第二百零四条 办理贷款业务的金融机构贷款的利率，应当按照中国人民银行规定的贷款利率的上下限确定。

第二百零五条 借款人应当按照约定的期限支付利息。对支付利息的期限没有约定或者约定不明确，依照本法第六十一条的规定仍不能确定，借款期间不满一年的，应当在返还借款时一并支付；借款期间一年以上的，应当在每届满一年时支付，剩余期间不满一年的，应当在返还借款时一并支付。

第二百零六条 借款人应当按照约定的期限返还借款。对借款期限没有约定或者约定不明确，依照本法第六十一条的规定仍不能确定的，借款人可以随时返还；贷款人可以催告借款人在合理期限内返还。

第二百零七条 借款人未按照约定的期限返还借款的，应当按照约定或者国家有关规定支付逾期利息。

第二百零八条 借款人提前偿还借款的，除当事人另有约定的以外，应当按照实际借款的期间计算利息。

第二百零九条 借款人可以在还款期限届满之前向贷款人申请展期。贷款人同意的，可以展期。

第二百一十条 自然人之间的借款合同，自贷款人提供借款时生效。

第二百一十一条 自然人之间的借款合同对支付利息没有约定或者约定不明确的，视为不支付利息。

自然人之间的借款合同约定支付利息的，借款的利率不得违反国家有关限制借款利率的规定。

附录二：

最高人民法院《关于人民法院审理借贷案件的若干意见》

（1991年7月2日最高人民法院审判委员会第502次会议讨论通过）

人民法院审理借贷案件,应按照自愿、互利、公平、合法的原则,保护债权人和债务人的合法权益,限制高利率。根据审判实践经验,现提出以下意见,供审理此类案件时参照执行。

一、公民之间的借贷纠纷,公民与法人之间的借贷纠纷以及公民与其他组织之间的借贷纠纷,应作为借贷案件受理。

二、因借贷外币、台币和国库券等有价证券发生纠纷诉讼到法院的,应按借贷案件受理。

三、对于借贷关系明确,债权人申请支付令的,人民法院应按照民事诉讼法关于督促程序的有关规定审查受理。

四、人民法院审查借贷案件的起诉时,根据民事诉讼法第一百零八条的规定,应要求原告提供书面借据;无书面借据的,应提供必要的事实根据,对于不具备上述条件的起诉,裁定不予受理。

五、债权人起诉时,债务人下落不明的,由债务人原住所地或其财产所在地法院管辖。法院应要求债权人提供证明借贷关系存在的证据,受理后公告传唤债务人应诉,公告期限届满,债务人仍不应诉,借贷关系明确的,经审理后可缺席判决;借贷关系无法查明的,裁定中止诉讼。

在审理中债务人出走,下落不明,借贷关系明确的,可以缺席判决;

事实难以查清的,裁定中止诉讼。

六、民间借贷的利率可以适当高于银行的利率,各地人民法院可根据本地区的实际情况具体掌握,但最高不得超过银行同类贷款利率的四倍(包含利率本数)。超出此限度的,超出部分的利息不予保护。

七、出借人不得将利息计入本金谋取高利。审理中发现债权人将利息计入本金计算复利的,其利率超出第六条规定的限度时,超出部分的利息不予保护。

八、借贷双方对有无约定利率发生争议,又不能证明的,可参照银行同类贷款利率计息。

借贷双方对约定的利率发生争议,又不能证明的,可参照本意见第六条规定计息。

九、公民之间的定期无息借贷,出借人要求借款人偿付逾期利息,或者不定期无息借贷经催告不还,出借人要求偿付催告后利息的,可参照银行同类贷款的利率计息。

十、一方以欺诈、胁迫等手段或者乘人之危,使对方在违背真实意思的情况下所形成的借贷关系,应认定为无效。借贷关系无效由债权人的行为引起的,只返还本金;借贷关系无效由债务人的行为引起的,除返还本金外,还应参照银行同类贷款利率给付利息。

十一、出借人明知借款人是为了进行非法活动而借款的,其借贷关系不予保护。对双方的违法借贷行为,可按照民法通则第一百三十四条第三款及《关于贯彻执行〈中华人民共和国民法通则〉若干问题的意见(试行)》〔以下简称《意见》(试行)〕第一百六十三条、一百六十四条的规定予以制裁。

十二、公民之间因借贷外币、台币发生纠纷,出借人要求以同类货币偿还的,可以准许。借款人确无同类货币的,可参照偿还时当地外汇调剂价折合人民币偿还。出借人要求偿付利息的,可参照偿还时中国银行外币储蓄利率计息。

借贷外汇券发生的纠纷,参照以上原则处理。

十三、在借贷关系中,仅起联系、介绍作用的人,不承担保证责任。对债务的履行确有保证意思表示的,应认定为保证人,承担保证责任。

十四、行为人以借款人的名义出具借据代其借款,借款人不承认,行为人又不能证明的,由行为人承担民事责任。

十五、合伙经营期间,个人以合伙组织的名义借款,用于合伙经营的,由合伙人共同偿还;借款人不能证明借款用于合伙经营的,由借款人偿还。

十六、有保证人的借贷债务到期后,债务人有清偿能力的,由债务人承担责任;债务人无能力清偿、无法清偿或者债务人下落不明的,由保证人承担连带责任。

借期届满,债务人未偿还欠款,借、贷双方未征求保证人同意而重新对偿还期限或利率达成协议的,保证人不再承担保证责任。

无保证人的借贷纠纷,债务人申请追加新的保证人参加诉讼,法院不应准许。

对保证责任有争议的,按照《意见》(试行)第一百零八条、一百零九条、一百一十条的规定处理。

十七、审理借贷案件时,对于因借贷关系产生的正当的抵押关系应予保护。如发生纠纷,分别按照民法通则第八十九条第二项以及《意见》(试行)第一百一十二条、一百一十三条、一百一十四条、一百一十五条、一百一十六条的规定处理。

十八、对债务人有可能转移、变卖、隐匿与案件有关的财产的,法院可根据当事人申请或依职权采取查封、扣押、冻结、责令提供担保等财产保全措施。被保全的财物为生产资料的,应责令申请人提供担保。财产保全应根据被保全财产的性质采用妥善的方式,尽可能减少对生产、生活的影响,避免造成财产损失。

十九、对债务人一次偿付有困难的借贷案件,法院可以判决或调解分期偿付。根据当事人的给付能力,确定每次给付的数额。

二十、执行程序中,双方当事人协商以债务人劳务或其他方式清偿债务,不违反法律规定,不损害社会利益和他人利益的,应予准许,并将执行和解协议记录在案。

二十一、被执行人无钱还债,要求以其他财物抵偿债务,申请执行人同意的,应予准许。双方可以协议作价或请有关部门合理作价,按判决数额将相应部分财物交付申请执行人。

被执行人无钱还债,要求以债券、股票等有价证券抵偿债务,申请执行人同意的,应予准许;要求以其他债权抵偿债务的,须经申请执行人同意并通知被执行人的债务人,办理相应的债权转移手续。

二十二、被执行人有可能转移、变卖、隐匿被执行财产的,应及时采取执行措施。被执行人抗拒执行构成妨害民事诉讼的,按照民事诉讼法第一百零二条、第二百二十四条的规定处理。

附录三：

《中华人民共和国物权法》中关于担保物权的规定(节录)

第四编　担保物权

第十五章　一般规定

第一百七十条　担保物权人在债务人不履行到期债务或者发生当事人约定的实现担保物权的情形，依法享有就担保财产优先受偿的权利,但法律另有规定的除外。

第一百七十一条　债权人在借贷、买卖等民事活动中,为保障实现其债权,需要担保的,可以依照本法和其他法律的规定设立担保物权。

第三人为债务人向债权人提供担保的，可以要求债务人提供反担保。反担保适用本法和其他法律的规定。

第一百七十二条　设立担保物权,应当依照本法和其他法律的规定订立担保合同。担保合同是主债权债务合同的从合同。主债权债务合同无效,担保合同无效,但法律另有规定的除外。

担保合同被确认无效后,债务人、担保人、债权人有过错的,应当根据其过错各自承担相应的民事责任。

第一百七十三条　担保物权的担保范围包括主债权及其利息、违约金、损害赔偿金、保管担保财产和实现担保物权的费用。当事人另有约定的,按照约定。

第一百七十四条　担保期间,担保财产毁损、灭失或者被征收等,担保物权人可以就获得的保险金、赔偿金或者补偿金等优先受偿。被担保债权的履行期未届满的,也可以提存该保险金、赔偿金或者补偿金等。

第一百七十五条　第三人提供担保,未经其书面同意,债权人允许债务人转移全部或者部分债务的,担保人不再承担相应的担保责任。

第一百七十六条　被担保的债权既有物的担保又有人的担保的,债务人不履行到期债务或者发生当事人约定的实现担保物权的情形,债权人应当按照约定实现债权;没有约定或者约定不明确,债务人自己提供物的担保的,债权人应当先就该物的担保实现债权;第三人提供物的担保的,债权人可以就物的担保实现债权,也可以要求保证人承担保证责任。提供担保的第三人承担担保责任后,有权向债务人追偿。

第一百七十七条　有下列情形之一的,担保物权消灭:

(一)主债权消灭;

(二)担保物权实现;

(三)债权人放弃担保物权;

(四)法律规定担保物权消灭的其他情形。

第一百七十八条　担保法与本法的规定不一致的,适用本法。

第十六章 抵押权

第一节 一般抵押权

第一百七十九条　为担保债务的履行,债务人或者第三人不转移财产的占有,将该财产抵押给债权人的,债务人不履行到期债务或者发生当事人约定的实现抵押权的情形,债权人有权就该财产优先受偿。

前款规定的债务人或者第三人为抵押人,债权人为抵押权人,提供担保的财产为抵押财产。

第一百八十条　债务人或者第三人有权处分的下列财产可以抵押：

（一）建筑物和其他土地附着物；

（二）建设用地使用权；

（三）以招标、拍卖、公开协商等方式取得的荒地等土地承包经营权；

（四）生产设备、原材料、半成品、产品；

（五）正在建造的建筑物、船舶、航空器；

（六）交通运输工具；

（七）法律、行政法规未禁止抵押的其他财产。

抵押人可以将前款所列财产一并抵押。

第一百八十一条　经当事人书面协议，企业、个体工商户、农业生产经营者可以将现有的以及将有的生产设备、原材料、半成品、产品抵押，债务人不履行到期债务或者发生当事人约定的实现抵押权的情形，债权人有权就实现抵押权时的动产优先受偿。

第一百八十二条　以建筑物抵押的，该建筑物占用范围内的建设用地使用权一并抵押。以建设用地使用权抵押的，该土地上的建筑物一并抵押。

抵押人未依照前款规定一并抵押的，未抵押的财产视为一并抵押。

第一百八十三条　乡镇、村企业的建设用地使用权不得单独抵押。以乡镇、村企业的厂房等建筑物抵押的，其占用范围内的建设用地使用权一并抵押。

第一百八十四条　下列财产不得抵押：

（一）土地所有权；

（二）耕地、宅基地、自留地、自留山等集体所有的土地使用权，但法律规定可以抵押的除外；

（三）学校、幼儿园、医院等以公益为目的的事业单位、社会团体的教育设施、医疗卫生设施和其他社会公益设施；

（四）所有权、使用权不明或者有争议的财产；

（五）依法被查封、扣押、监管的财产；

（六）法律、行政法规规定不得抵押的其他财产。

第一百八十五条 设立抵押权，当事人应当采取书面形式订立抵押合同。

抵押合同一般包括下列条款：

（一）被担保债权的种类和数额；

（二）债务人履行债务的期限；

（三）抵押财产的名称、数量、质量、状况、所在地、所有权归属或者使用权归属；

（四）担保的范围。

第一百八十六条 抵押权人在债务履行期届满前，不得与抵押人约定债务人不履行到期债务时抵押财产归债权人所有。

第一百八十七条 以本法第一百八十条第一款第一项至第三项规定的财产或者第五项规定的正在建造的建筑物抵押的，应当办理抵押登记。抵押权自登记时设立。

第一百八十八条 以本法第一百八十条第一款第四项、第六项规定的财产或者第五项规定的正在建造的船舶、航空器抵押的，抵押权自抵押合同生效时设立；未经登记，不得对抗善意第三人。

第一百八十九条 企业、个体工商户、农业生产经营者以本法第一百八十一条规定的动产抵押的，应当向抵押人住所地的工商行政管理部门办理登记。抵押权自抵押合同生效时设立；未经登记，不得对抗善意第三人。

依照本法第一百八十一条规定抵押的，不得对抗正常经营活动中已支付合理价款并取得抵押财产的买受人。

第一百九十条 订立抵押合同前抵押财产已出租的，原租赁关系不受该抵押权的影响。抵押权设立后抵押财产出租的，该租赁关系不得对抗已登记的抵押权。

第一百九十一条 抵押期间，抵押人经抵押权人同意转让抵押财产的，应当将转让所得的价款向抵押权人提前清偿债务或者提存。转让的价款超过债权数额的部分归抵押人所有，不足部分由债务人清偿。

抵押期间，抵押人未经抵押权人同意，不得转让抵押财产，但受让人代为清偿债务消灭抵押权的除外。

第一百九十二条 抵押权不得与债权分离而单独转让或者作为其他债权的担保。债权转让的，担保该债权的抵押权一并转让，但法律另有规定或者当事人另有约定的除外。

第一百九十三条 抵押人的行为足以使抵押财产价值减少的，抵押权人有权要求抵押人停止其行为。抵押财产价值减少的，抵押权人有权要求恢复抵押财产的价值，或者提供与减少的价值相应的担保。抵押人不恢复抵押财产的价值也不提供担保的，抵押权人有权要求债务人提前清偿债务。

第一百九十四条 抵押权人可以放弃抵押权或者抵押权的顺位。抵押权人与抵押人可以协议变更抵押权顺位以及被担保的债权数额等内容，但抵押权的变更，未经其他抵押权人书面同意，不得对其他抵押权人产生不利影响。

债务人以自己的财产设定抵押，抵押权人放弃该抵押权、抵押权顺位或者变更抵押权的，其他担保人在抵押权人丧失优先受偿权益的范围内免除担保责任，但其他担保人承诺仍然提供担保的除外。

第一百九十五条 债务人不履行到期债务或者发生当事人约定的实现抵押权的情形，抵押权人可以与抵押人协议以抵押财产折价或者以拍卖、变卖该抵押财产所得的价款优先受偿。协议损害其他债权人利益的，其他债权人可以在知道或者应当知道撤销事由之日起一年内请求人民法院撤销该协议。

抵押权人与抵押人未就抵押权实现方式达成协议的，抵押权人可以请求人民法院拍卖、变卖抵押财产。

抵押财产折价或者变卖的，应当参照市场价格。

第一百九十六条 依照本法第一百八十一条规定设定抵押的，抵押财产自下列情形之一发生时确定：

(一)债务履行期届满,债权未实现；

(二)抵押人被宣告破产或者被撤销；

(三)当事人约定的实现抵押权的情形；

(四)严重影响债权实现的其他情形。

第一百九十七条 债务人不履行到期债务或者发生当事人约定的实现抵押权的情形，致使抵押财产被人民法院依法扣押的，自扣押之日起抵押权人有权收取该抵押财产的天然孳息或者法定孳息，但抵押权人未通知应当清偿法定孳息的义务人的除外。

前款规定的孳息应当先充抵收取孳息的费用。

第一百九十八条 抵押财产折价或者拍卖、变卖后,其价款超过债权数额的部分归抵押人所有,不足部分由债务人清偿。

第一百九十九条 同一财产向两个以上债权人抵押的,拍卖、变卖抵押财产所得的价款依照下列规定清偿：

(一)抵押权已登记的,按照登记的先后顺序清偿；顺序相同的,按照债权比例清偿；

(二)抵押权已登记的先于未登记的受偿；

(三)抵押权未登记的,按照债权比例清偿。

第二百条 建设用地使用权抵押后，该土地上新增的建筑物不属于抵押财产。该建设用地使用权实现抵押权时,应当将该土地上新增的建筑物与建设用地使用权一并处分,但新增建筑物所得的价款,抵押权人无权优先受偿。

第二百零一条 依照本法第一百八十条第一款第三项规定的土地承包经营权抵押的,或者依照本法第一百八十三条规定以乡镇、村企业的厂房等建筑物占用范围内的建设用地使用权一并抵押的,实现抵押权后,未经法定程序,不得改变土地所有权的性质和土地用途。

第二百零二条 抵押权人应当在主债权诉讼时效期间行使抵押权;未行使的,人民法院不予保护。

第二节 最高额抵押权

第二百零三条 为担保债务的履行,债务人或者第三人对一定期间内将要连续发生的债权提供担保财产的,债务人不履行到期债务或者发生当事人约定的实现抵押权的情形,抵押权人有权在最高债权额限度内就该担保财产优先受偿。

最高额抵押权设立前已经存在的债权,经当事人同意,可以转入最高额抵押担保的债权范围。

第二百零四条 最高额抵押担保的债权确定前,部分债权转让的,最高额抵押权不得转让,但当事人另有约定的除外。

第二百零五条 最高额抵押担保的债权确定前,抵押权人与抵押人可以通过协议变更债权确定的期间、债权范围以及最高债权额,但变更的内容不得对其他抵押权人产生不利影响。

第二百零六条 有下列情形之一的,抵押权人的债权确定:

(一)约定的债权确定期间届满;

(二)没有约定债权确定期间或者约定不明确,抵押权人或者抵押人自最高额抵押权设立之日起满二年后请求确定债权;

(三)新的债权不可能发生;

（四）抵押财产被查封、扣押；

（五）债务人、抵押人被宣告破产或者被撤销；

（六）法律规定债权确定的其他情形。

第二百零七条 最高额抵押权除适用本节规定外，适用本章第一节一般抵押权的规定。

第十七章 质 权

第一节 动产质权

第二百零八条 为担保债务的履行，债务人或者第三人将其动产出质给债权人占有的，债务人不履行到期债务或者发生当事人约定的实现质权的情形，债权人有权就该动产优先受偿。

前款规定的债务人或者第三人为出质人，债权人为质权人，交付的动产为质押财产。

第二百零九条 法律、行政法规禁止转让的动产不得出质。

第二百一十条 设立质权，当事人应当采取书面形式订立质权合同。

质权合同一般包括下列条款：

（一）被担保债权的种类和数额；

（二）债务人履行债务的期限；

（三）质押财产的名称、数量、质量、状况；

（四）担保的范围；

（五）质押财产交付的时间。

第二百一十一条 质权人在债务履行期届满前，不得与出质人约定债务人不履行到期债务时质押财产归债权人所有。

第二百一十二条 质权自出质人交付质押财产时设立。

第二百一十三条 质权人有权收取质押财产的孳息,但合同另有约定的除外。

前款规定的孳息应当先充抵收取孳息的费用。

第二百一十四条 质权人在质权存续期间,未经出质人同意,擅自使用、处分质押财产,给出质人造成损害的,应当承担赔偿责任。

第二百一十五条 质权人负有妥善保管质押财产的义务;因保管不善致使质押财产毁损、灭失的,应当承担赔偿责任。

质权人的行为可能使质押财产毁损、灭失的,出质人可以要求质权人将质押财产提存,或者要求提前清偿债务并返还质押财产。

第二百一十六条 因不能归责于质权人的事由可能使质押财产毁损或者价值明显减少,足以危害质权人权利的,质权人有权要求出质人提供相应的担保;出质人不提供的,质权人可以拍卖、变卖质押财产,并与出质人通过协议将拍卖、变卖所得的价款提前清偿债务或者提存。

第二百一十七条 质权人在质权存续期间,未经出质人同意转质,造成质押财产毁损、灭失的,应当向出质人承担赔偿责任。

第二百一十八条 质权人可以放弃质权。债务人以自己的财产出质,质权人放弃该质权的,其他担保人在质权人丧失优先受偿权益的范围内免除担保责任,但其他担保人承诺仍然提供担保的除外。

第二百一十九条 债务人履行债务或者出质人提前清偿所担保的债权的,质权人应当返还质押财产。

债务人不履行到期债务或者发生当事人约定的实现质权的情形,质权人可以与出质人协议以质押财产折价,也可以就拍卖、变卖质押财产所得的价款优先受偿。

质押财产折价或者变卖的,应当参照市场价格。

第二百二十条 出质人可以请求质权人在债务履行期届满后及时行使质权;质权人不行使的,出质人可以请求人民法院拍卖、变卖质押财产。

出质人请求质权人及时行使质权，因质权人怠于行使权利造成损害的，由质权人承担赔偿责任。

第二百二十一条 质押财产折价或者拍卖、变卖后，其价款超过债权数额的部分归出质人所有，不足部分由债务人清偿。

第二百二十二条 出质人与质权人可以协议设立最高额质权。

最高额质权除适用本节有关规定外，参照本法第十六章第二节最高额抵押权的规定。

第二节 权利质权

第二百二十三条 债务人或者第三人有权处分的下列权利可以出质：

(一)汇票、支票、本票；

(二)债券、存款单；

(三)仓单、提单；

(四)可以转让的基金份额、股权；

(五)可以转让的注册商标专用权、专利权、著作权等知识产权中的财产权；

(六)应收账款；

(七)法律、行政法规规定可以出质的其他财产权利。

第二百二十四条 以汇票、支票、本票、债券、存款单、仓单、提单出质的，当事人应当订立书面合同。质权自权利凭证交付质权人时设立；没有权利凭证的，质权自有关部门办理出质登记时设立。

第二百二十五条 汇票、支票、本票、债券、存款单、仓单、提单的兑现日期或者提货日期先于主债权到期的，质权人可以兑现或者提货，并与出质人协议将兑现的价款或者提取的货物提前清偿债务或者提存。

第二百二十六条 以基金份额、股权出质的，当事人应当订立书面合同。以基金份额、证券登记结算机构登记的股权出质的,质权自证券登记结算机构办理出质登记时设立;以其他股权出质的,质权自工商行政管理部门办理出质登记时设立。

基金份额、股权出质后,不得转让,但经出质人与质权人协商同意的除外。出质人转让基金份额、股权所得的价款,应当向质权人提前清偿债务或者提存。

第二百二十七条 以注册商标专用权、专利权、著作权等知识产权中的财产权出质的,当事人应当订立书面合同。质权自有关主管部门办理出质登记时设立。

知识产权中的财产权出质后,出质人不得转让或者许可他人使用,但经出质人与质权人协商同意的除外。出质人转让或者许可他人使用出质的知识产权中的财产权所得的价款,应当向质权人提前清偿债务或者提存。

第二百二十八条 以应收账款出质的,当事人应当订立书面合同。质权自信贷征信机构办理出质登记时设立。

应收账款出质后,不得转让,但经出质人与质权人协商同意的除外。出质人转让应收账款所得的价款,应当向质权人提前清偿债务或者提存。

第二百二十九条 权利质权除适用本节规定外,适用本章第一节动产质权的规定。

第十八章 留置权

第二百三十条 债务人不履行到期债务,债权人可以留置已经合法占有的债务人的动产,并有权就该动产优先受偿。

前款规定的债权人为留置权人,占有的动产为留置财产。

第二百三十一条 债权人留置的动产，应当与债权属于同一法律关系，但企业之间留置的除外。

第二百三十二条 法律规定或者当事人约定不得留置的动产，不得留置。

第二百三十三条 留置财产为可分物的，留置财产的价值应当相当于债务的金额。

第二百三十四条 留置权人负有妥善保管留置财产的义务；因保管不善致使留置财产毁损、灭失的，应当承担赔偿责任。

第二百三十五条 留置权人有权收取留置财产的孳息。

前款规定的孳息应当先充抵收取孳息的费用。

第二百三十六条 留置权人与债务人应当约定留置财产后的债务履行期间；没有约定或者约定不明确的，留置权人应当给债务人两个月以上履行债务的期间，但鲜活易腐等不易保管的动产除外。债务人逾期未履行的，留置权人可以与债务人协议以留置财产折价，也可以就拍卖、变卖留置财产所得的价款优先受偿。

留置财产折价或者变卖的，应当参照市场价格。

第二百三十七条 债务人可以请求留置权人在债务履行期届满后行使留置权；留置权人不行使的，债务人可以请求人民法院拍卖、变卖留置财产。

第二百三十八条 留置财产折价或者拍卖、变卖后，其价款超过债权数额的部分归债务人所有，不足部分由债务人清偿。

第二百三十九条 同一动产上已设立抵押权或者质权，该动产又被留置的，留置权人优先受偿。

第二百四十条 留置权人对留置财产丧失占有或者留置权人接受债务人另行提供担保的，留置权消灭。

附录四：

中华人民共和国担保法

第一章 总 则

第一条 为促进资金融通和商品流通,保障债权的实现,发展社会主义市场经济,制定本法。

第二条 在借贷、买卖、货物运输、加工承揽等经济活动中,债权人需要以担保方式保障其债权实现的,可以依照本法规定设定担保。

本法规定的担保方式为保证、抵押、质押、留置和定金。

第三条 担保活动应当遵循平等、自愿、公平、诚实信用的原则。

第四条 第三人为债务人向债权人提供担保时,可以要求债务人提供反担保。

反担保适用本法担保的规定。

第五条 担保合同是主合同的从合同,主合同无效,担保合同无效。担保合同另有约定的,按照约定。

担保合同被确认无效后,债务人、担保人、债权人有过错的,应当根据其过错各自承担相应的民事责任。

第二章 保 证

第一节 保证和保证人

第六条 本法所称保证,是指保证人和债权人约定,当债务人不履行债务时,保证人按照约定履行债务或者承担责任的行为。

第七条 具有代为清偿债务能力的法人、其他组织或者公民,可以作保证人。

第八条 国家机关不得为保证人,但经国务院批准为使用外国政府或者国际经济组织贷款进行转贷的除外。

第九条 学校、幼儿园、医院等以公益为目的的事业单位、社会团体不得为保证人。

第十条 企业法人的分支机构、职能部门不得为保证人。

企业法人的分支机构有法人书面授权的,可以在授权范围内提供保证。

第十一条 任何单位和个人不得强令银行等金融机构或者企业为他人提供保证;银行等金融机构或者企业对强令其为他人提供保证的行为,有权拒绝。

第十二条 同一债务有两个以上保证人的,保证人应当按照保证合同约定的保证份额,承担保证责任。没有约定保证份额的,保证人承担连带责任,债权人可以要求任何一个保证人承担全部保证责任,保证人都负有担保全部债权实现的义务。已经承担保证责任的保证人,有权向债务人追偿,或者要求承担连带责任的其他保证人清偿其应当承担的份额。

第二节 保证合同和保证方式

第十三条 保证人与债权人应当以书面形式订立保证合同。

第十四条 保证人与债权人可以就单个主合同分别订立保证合同,也可以协议在最高债权额限度内就一定期间连续发生的借款合同或者某项商品交易合同订立一个保证合同。

第十五条 保证合同应当包括以下内容:

(一)被保证的主债权种类、数额;

（二）债务人履行债务的期限；

（三）保证的方式；

（四）保证担保的范围；

（五）保证的期间；

（六）双方认为需要约定的其他事项。

保证合同不完全具备前款规定内容的，可以补正。

第十六条 保证的方式有：

（一）一般保证；

（二）连带责任保证。

第十七条 当事人在保证合同中约定，债务人不能履行债务时，由保证人承担保证责任的，为一般保证。

一般保证的保证人在主合同纠纷未经审判或者仲裁，并就债务人财产依法强制执行仍不能履行债务前，对债权人可以拒绝承担保证责任。

有下列情形之一的，保证人不得行使前款规定的权利：

（一）债务人住所变更，致使债权人要求其履行债务发生重大困难的；

（二）人民法院受理债务人破产案件，中止执行程序的；

（三）保证人以书面形式放弃前款规定的权利的。

第十八条 当事人在保证合同中约定保证人与债务人对债务承担连带责任的，为连带责任保证。

连带责任保证的债务人在主合同规定的债务履行期届满没有履行债务的，债权人可以要求债务人履行债务，也可以要求保证人在其保证范围内承担保证责任。

第十九条 当事人对保证方式没有约定或者约定不明确的，按照连带责任保证承担保证责任。

第二十条 一般保证和连带责任保证的保证人享有债务人的抗辩权。债务人放弃对债务的抗辩权的,保证人仍有权抗辩。

抗辩权是指债权人行使债权时,债务人根据法定事由,对抗债权人行使请求权的权利。

第三节 保证责任

第二十一条 保证担保的范围包括主债权及利息、违约金、损害赔偿金和实现债权的费用。保证合同另有约定的,按照约定。

当事人对保证担保的范围没有约定或者约定不明确的,保证人应当对全部债务承担责任。

第二十二条 保证期间,债权人依法将主债权转让给第三人的,保证人在原保证担保的范围内继续承担保证责任。保证合同另有约定的,按照约定。

第二十三条 保证期间,债权人许可债务人转让债务的,应当取得保证人书面同意,保证人对未经其同意转让的债务,不再承担保证责任。

第二十四条 债权人与债务人协议变更主合同的,应当取得保证人书面同意,未经保证人书面同意的,保证人不再承担保证责任。保证合同另有约定的,按照约定。

第二十五条 一般保证的保证人与债权人未约定保证期间的,保证期间为主债务履行期届满之日起六个月。

在合同约定的保证期间和前款规定的保证期间,债权人未对债务人提起诉讼或者申请仲裁的,保证人免除保证责任;债权人已提起诉讼或者申请仲裁的,保证期间适用诉讼时效中断的规定。

第二十六条 连带责任保证的保证人与债权人未约定保证期间的,债权人有权自主债务履行期届满之日起六个月内要求保证人承担保证责任。

在合同约定的保证期间和前款规定的保证期间,债权人未要求保证人承担保证责任的,保证人免除保证责任。

第二十七条 保证人依照本法第十四条规定就连续发生的债权做保证,未约定保证期间的,保证人可以随时书面通知债权人终止保证合同,但保证人对于通知到债权人前所发生的债权,承担保证责任。

第二十八条 同一债权既有保证又有物的担保的,保证人对物的担保以外的债权承担保证责任。

债权人放弃物的担保的,保证人在债权人放弃权利的范围内免除保证责任。

第二十九条 企业法人的分支机构未经法人书面授权或者超出授权范围与债权人订立保证合同的,该合同无效或者超出授权范围的部分无效,债权人和企业法人有过错的,应当根据其过错各自承担相应的民事责任;债权人无过错的,由企业法人承担民事责任。

第三十条 有下列情形之一的,保证人不承担民事责任:

(一)主合同当事人双方串通,骗取保证人提供保证的;

(二)主合同债权人采取欺诈、胁迫等手段,使保证人在违背真实意思的情况下提供保证的。

第三十一条 保证人承担保证责任后,有权向债务人追偿。

第三十二条 人民法院受理债务人破产案件后,债权人未申报债权的,保证人可以参加破产财产分配,预先行使追偿权。

第三章 抵 押

第一节 抵押和抵押物

第三十三条 本法所称抵押,是指债务人或者第三人不转移对本法第三十四条所列财产的占有,将该财产作为债权的担保。债务人不履行债务时,债权人有权依照本法规定以该财产折价或者以拍卖、变卖该财产的价款优先受偿。

前款规定的债务人或者第三人为抵押人,债权人为抵押权人,提供担保的财产为抵押物。

第三十四条 下列财产可以抵押:

(一)抵押人所有的房屋和其他地上定着物;

(二)抵押人所有的机器、交通运输工具和其他财产;

(三)抵押人依法有权处分的国有的土地使用权、房屋和其他地上定着物;

(四)抵押人依法有权处分的国有的机器、交通运输工具和其他财产;

(五)抵押人依法承包并经发包方同意抵押的荒山、荒沟、荒丘、荒滩等荒地的土地使用权;

(六)依法可以抵押的其他财产。

抵押人可以将前款所列财产一并抵押。

第三十五条 抵押人所担保的债权不得超出其抵押物的价值。

财产抵押后,该财产的价值大于所担保债权的余额部分,可以再次抵押,但不得超出其余额部分。

第三十六条 以依法取得的国有土地上的房屋抵押的,该房屋占用范围内的国有土地使用权同时抵押。

以出让方式取得的国有土地使用权抵押的,应当将抵押时该国有土地上的房屋同时抵押。

乡(镇)、村企业的土地使用权不得单独抵押。以乡(镇)、村企业的厂房等建筑物抵押的,其占用范围内的土地使用权同时抵押。

第三十七条 下列财产不得抵押;

(一)土地所有权;

（二）耕地、宅基地、自留地、自留山等集体所有的土地使用权，但本法第三十四条第（五）项、第三十六条第三款规定的除外；

（三）学校、幼儿园、医院等以公益为目的的事业单位、社会团体的教育设施、医疗卫生设施和其他社会公益设施；

（四）所有权、使用权不明或者有争议的财产；

（五）依法被查封、扣押、监管的财产；

（六）依法不得抵押的其他财产。

第二节 抵押合同和抵押物登记

第三十八条 抵押人和抵押权人应当以书面形式订立抵押合同。

第三十九条 抵押合同应当包括以下内容：

（一）被担保的主债权种类、数额；

（二）债务人履行债务的期限；

（三）抵押物的名称、数量、质量、状况、所在地、所有权权属或者使用权权属；

（四）抵押担保的范围；

（五）当事人认为需要约定的其他事项。

抵押合同不完全具备前款规定内容的，可以补正。

第四十条 订立抵押合同时，抵押权人和抵押人在合同中不得约定在债务履行期届满抵押权人未受清偿时，抵押物的所有权转移为债权人所有。

第四十一条 当事人以本法第四十二条规定的财产抵押的，应当办理抵押物登记，抵押合同自登记之日起生效。

第四十二条 办理抵押物登记的部门如下：

（一）以无地上定着物的土地使用权抵押的，为核发土地使用权证书的土地管理部门；

（二）以城市房地产或者乡（镇）、村企业的厂房等建筑物抵押的，为县级以上地方人民政府规定的部门；

（三）以林木抵押的,为县级以上林木主管部门；

（四）以航空器、船舶、车辆抵押的,为运输工具的登记部门；

（五）以企业的设备和其他动产抵押的,为财产所在地的工商行政管理部门。

第四十三条 当事人以其他财产抵押的,可以自愿办理抵押物登记,抵押合同自签订之日起生效。

当事人未办理抵押物登记的,不得对抗第三人。当事人办理抵押物登记的,登记部门为抵押人所在地的公证部门。

第四十四条 办理抵押物登记,应当向登记部门提供下列文件或者其复印件：

（一）主合同和抵押合同；

（二）抵押物的所有权或者使用权证书。

第四十五条 登记部门登记的资料,应当允许查阅、抄录或者复印。

第三节 抵押的效力

第四十六条 抵押担保的范围包括主债权及利息、违约金、损害赔偿金和实现抵押权的费用。抵押合同另有约定的,按照约定。

第四十七条 债务履行期届满,债务人不履行债务致使抵押物被人民法院依法扣押的,自扣押之日起抵押权人有权收取由抵押物分离的天然孳息以及抵押人就抵押物可以收取的法定孳息。抵押权人未将扣押抵押物的事实通知应当清偿法定孳息的义务人的,抵押权的效力不及于该孳息。

前款孳息应当先充抵收取孳息的费用。

第四十八条 抵押人将已出租的财产抵押的,应当书面告知承租人,原租赁合同继续有效。

第四十九条 抵押期间,抵押人转让已办理登记的抵押物的,应当通知抵押权人并告知受让人转让物已经抵押的情况；抵押人未通知抵押权人或者未告知受让人的,转让行为无效。

转让抵押物的价款明显低于其价值的, 抵押权人可以要求抵押人提供相应的担保;抵押人不提供的,不得转让抵押物。

抵押人转让抵押物所得的价款, 应当向抵押权人提前清偿所担保的债权或者向与抵押权人约定的第三人提存。超过债权数额的部分,归抵押人所有,不足部分由债务人清偿。

第五十条 抵押权不得与债权分离而单独转让或者作为其他债权的担保。

第五十一条 抵押人的行为足以使抵押物价值减少的,抵押权人有权要求抵押人停止其行为。抵押物价值减少时,抵押权人有权要求抵押人恢复抵押物的价值,或者提供与减少的价值相当的担保。

抵押人对抵押物价值减少无过错的, 抵押权人只能在抵押人因损害而得到的赔偿范围内要求提供担保。抵押物价值未减少的部分,仍作为债权的担保。

第五十二条 抵押权与其担保的债权同时存在,债权消灭的,抵押权也消灭。

第四节 抵押权的实现

第五十三条 债务履行期届满抵押权人未受清偿的,可以与抵押人协议以抵押物折价或者以拍卖、变卖该抵押物所得的价款受偿;协议不成的,抵押权人可以向人民法院提起诉讼。

抵押物折价或者拍卖、变卖后,其价款超过债权数额的部分归抵押人所有,不足部分由债务人清偿。

第五十四条 同一财产向两个以上债权人抵押的,拍卖、变卖抵押物所得的价款按照以下规定清偿:

(一)抵押合同以登记生效的,按照抵押物登记的先后顺序清偿;顺

序相同的,按照债权比例清偿;

(二)抵押合同自签订之日起生效的,该抵押物已登记的,按照本条第(一)项规定清偿;未登记的,按照合同生效时间的先后顺序清偿,顺序相同的,按照债权比例清偿。抵押物已登记的先于未登记的受偿。

第五十五条 城市房地产抵押合同签订后,土地上新增的房屋不属于抵押物。需要拍卖该抵押的房地产时,可以依法将该土地上新增的房屋与抵押物一同拍卖,但对拍卖新增房屋所得,抵押权人无权优先受偿。

依照本法规定以承包的荒地的土地使用权抵押的,或者以乡(镇)、村企业的厂房等建筑物占用范围内的土地使用权抵押的,在实现抵押权后,未经法定程序不得改变土地集体所有和土地用途。

第五十六条 拍卖划拨的国有土地使用权所得的价款,在依法缴纳相当于应缴纳的土地使用权出让金的款额后,抵押权人有优先受偿权。

第五十七条 为债务人抵押担保的第三人,在抵押权人实现抵押权后,有权向债务人追偿。

第五十八条 抵押权因抵押物灭失而消灭。因灭失所得的赔偿金,应当作为抵押财产。

第五节 最高额抵押

第五十九条 本法所称最高额抵押,是指抵押人与抵押权人协议,在最高债权额限度内,以抵押物对一定期间内连续发生的债权做担保。

第六十条 借款合同可以附最高额抵押合同。

债权人与债务人就某项商品在一定期间内连续发生交易而签订的合同,可以附最高额抵押合同。

第六十一条 最高额抵押的主合同债权不得转让。

第六十二条 最高额抵押除适用本节规定外,适用本章其他规定。

第四章 质 押

第一节 动产质押

第六十三条 本法所称动产质押,是指债务人或者第三人将其动产移交债权人占有,将该动产作为债权的担保。债务人不履行债务时,债权人有权依照本法规定以该动产折价或者以拍卖、变卖该动产的价款优先受偿。

前款规定的债务人或者第三人为出质人,债权人为质权人,移交的动产为质物。

第六十四条 出质人和质权人应当以书面形式订立质押合同。

质押合同自质物移交于质权人占有时生效。

第六十五条 质押合同应当包括以下内容:

(一)被担保的主债权种类、数额;

(二)债务人履行债务的期限;

(三)质物的名称、数量、质量、状况;

(四)质押担保的范围;

(五)质物移交的时间;

(六)当事人认为需要约定的其他事项。

质押合同不完全具备前款规定内容的,可以补正。

第六十六条 出质人和质权人在合同中不得约定在债务履行期届满质权人未受清偿时,质物的所有权转移为质权人所有。

第六十七条 质押担保的范围包括主债权及利息、违约金、损害赔偿金、质物保管费用和实现质权的费用。质押合同另有约定的,按照约定。

第六十八条 质权人有权收取质物所生的孳息。质押合同另有约定的,按照约定。

前款孳息应当先充抵收取孳息的费用。

第六十九条 质权人负有妥善保管质物的义务。因保管不善致使质物灭失或者毁损的,质权人应当承担民事责任。

质权人不能妥善保管质物可能致使其灭失或者毁损的,出质人可以要求质权人将质物提存,或者要求提前清偿债权而返还质物。

第七十条 质物有损坏或者价值明显减少的可能,足以危害质权人权利的,质权人可以要求出质人提供相应的担保。出质人不提供的,质权人可以拍卖或者变卖质物,并与出质人协议将拍卖或者变卖所得的价款用于提前清偿所担保的债权或者向与出质人约定的第三人提存。

第七十一条 债务履行期届满债务人履行债务的,或者出质人提前清偿所担保的债权的,质权人应当返还质物。

债务履行期届满质权人未受清偿的,可以与出质人协议以质物折价,也可以依法拍卖、变卖质物。

质物折价或者拍卖、变卖后,其价款超过债权数额的部分归出质人所有,不足部分由债务人清偿。

第七十二条 为债务人质押担保的第三人,在质权人实现质权后,有权向债务人追偿。

第七十三条 质权因质物灭失而消灭。因灭失所得的赔偿金,应当作为出质财产。

第七十四条 质权与其担保的债权同时存在,债权消灭的,质权也消灭。

第二节 权利质押

第七十五条 下列权利可以质押:

(一)汇票、支票、本票、债券、存款单、仓单、提单;

(二)依法可以转让的股份、股票;

（三）依法可以转让的商标专用权，专利权、著作权中的财产权；

（四）依法可以质押的其他权利。

第七十六条 以汇票、支票、本票、债券、存款单、仓单、提单出质的，应当在合同约定的期限内将权利凭证交付质权人。质押合同自权利凭证交付之日起生效。

第七十七条 以载明兑现或者提货日期的汇票、支票、本票、债券、存款单、仓单、提单出质的，汇票、支票、本票、债券、存款单、仓单、提单兑现或者提货日期先于债务履行期的，质权人可以在债务履行期届满前兑现或者提货，并与出质人协议将兑现的价款或者提取的货物用于提前清偿所担保的债权或者向与出质人约定的第三人提存。

第七十八条 以依法可以转让的股票出质的，出质人与质权人应当订立书面合同，并向证券登记机构办理出质登记。质押合同自登记之日起生效。

股票出质后，不得转让，但经出质人与质权人协商同意的可以转让。出质人转让股票所得的价款应当向质权人提前清偿所担保的债权或者向与质权人约定的第三人提存。

以有限责任公司的股份出质的，适用公司法股份转让的有关规定。质押合同自股份出质记载于股东名册之日起生效。

第七十九条 以依法可以转让的商标专用权，专利权、著作权中的财产权出质的，出质人与质权人应当订立书面合同，并向其管理部门办理出质登记。质押合同自登记之日起生效。

第八十条 本法第七十九条规定的权利出质后，出质人不得转让或者许可他人使用，但经出质人与质权人协商同意的可以转让或者许可他人使用。出质人所得的转让费、许可费应当向质权人提前清偿所担保的债权或者向与质权人约定的第三人提存。

第八十一条 权利质押除适用本节规定外，适用本章第一节的规定。

第五章 留 置

第八十二条 本法所称留置,是指依照本法第八十四条的规定,债权人按照合同约定占有债务人的动产,债务人不按照合同约定的期限履行债务的,债权人有权依照本法规定留置该财产,以该财产折价或者以拍卖、变卖该财产的价款优先受偿。

第八十三条 留置担保的范围包括主债权及利息、违约金、损害赔偿金、留置物保管费用和实现留置权的费用。

第八十四条 因保管合同、运输合同、加工承揽合同发生的债权,债务人不履行债务的,债权人有留置权。

法律规定可以留置的其他合同,适用前款规定。

当事人可以在合同中约定不得留置的物。

第八十五条 留置的财产为可分物的,留置物的价值应当相当于债务的金额。

第八十六条 留置权人负有妥善保管留置物的义务。因保管不善致使留置物灭失或者毁损的,留置权人应当承担民事责任。

第八十七条 债权人与债务人应当在合同中约定,债权人留置财产后,债务人应当在不少于两个月的期限内履行债务。债权人与债务人在合同中未约定的,债权人留置债务人财产后,应当确定两个月以上的期限,通知债务人在该期限内履行债务。

债务人逾期仍不履行的,债权人可以与债务人协议以留置物折价,也可以依法拍卖、变卖留置物。

留置物折价或者拍卖、变卖后,其价款超过债权数额的部分归债务人所有,不足部分由债务人清偿。

第八十八条 留置权因下列原因消灭:

（一）债权消灭的；

（二）债务人另行提供担保并被债权人接受的。

第六章 定金

第八十九条 当事人可以约定一方向对方给付定金作为债权的担保。债务人履行债务后，定金应当抵作价款或者收回。给付定金的一方不履行约定的债务的，无权要求返还定金；收受定金的一方不履行约定的债务的，应当双倍返还定金。

第九十条 定金应当以书面形式约定。当事人在定金合同中应当约定交付定金的期限。定金合同从实际交付定金之日起生效。

第九十一条 定金的数额由当事人约定，但不得超过主合同标的额的百分之二十。

第七章 附 则

第九十二条 本法所称不动产是指土地以及房屋、林木等地上定着物。

本法所称动产是指不动产以外的物。

第九十三条 本法所称保证合同、抵押合同、质押合同、定金合同可以是单独订立的书面合同，包括当事人之间的具有担保性质的信函、传真等，也可以是主合同中的担保条款。

第九十四条 抵押物、质物、留置物折价或者变卖，应当参照市场价格。

第九十五条 海商法等法律对担保有特别规定的，依照其规定。

第九十六条 本法自 1995 年 10 月 1 日起施行。

附录五：

最高人民法院关于适用《中华人民共和国担保法》 若干问题的解释

最高人民法院关于适用《中华人民共和国担保法》若干问题的解释（2000 年 9 月 29 日最高人民法院审判委员会第 1133 次会议通过）法释〔2000〕44 号

为了正确适用《中华人民共和国担保法》（以下简称担保法），结合审判实践经验，对人民法院审理担保纠纷案件适用法律问题做出如下解释。

一、关于总则部分的解释

第一条 当事人对由民事关系产生的债权，在不违反法律、法规强制性规定的情况下，以担保法规定的方式设定担保的，可以认定为有效。

第二条 反担保人可以是债务人，也可以是债务人之外的其他人。

反担保方式可以是债务人提供的抵押或者质押，也可以是其他人提供的保证、抵押或者质押。

第三条 国家机关和以公益为目的的事业单位、社会团体违反法律规定提供担保的，担保合同无效。因此给债权人造成损失的，应当根据担保法第五条第二款的规定处理。

第四条 董事、经理违反《中华人民共和国公司法》第六十条的规定，以公司资产为本公司的股东或者其他个人债务提供担保的，担保合同无效。除债权人知道或者应当知道的外，债务人、担保人应当对债权人的损失承担连带赔偿责任。

第五条 以法律、法规禁止流通的财产或者不可转让的财产设定担保的,担保合同无效。

以法律、法规限制流通的财产设定担保的,在实现债权时,人民法院应当按照有关法律、法规的规定对该财产进行处理。

第六条 有下列情形之一的,对外担保合同无效:

(一)未经国家有关主管部门批准或者登记对外担保的;

(二)未经国家有关主管部门批准或者登记,为境外机构向境内债权人提供担保的;

(三)为外商投资企业注册资本、外商投资企业中的外方投资部分的对外债务提供担保的;

(四)无权经营外汇担保业务的金融机构、无外汇收入的非金融性质的企业法人提供外汇担保的;

(五)主合同变更或者债权人将对外担保合同项下的权利转让,未经担保人同意和国家有关主管部门批准的,担保人不再承担担保责任。但法律、法规另有规定的除外。

第七条 主合同有效而担保合同无效,债权人无过错的,担保人与债务人对主合同债权人的经济损失,承担连带赔偿责任;债权人、担保人有过错的,担保人承担民事责任的部分,不应超过债务人不能清偿部分的二分之一。

第八条 主合同无效而导致担保合同无效,担保人无过错的,担保人不承担民事责任;担保人有过错的,担保人承担民事责任的部分,不应超过债务人不能清偿部分的三分之一。

第九条 担保人因无效担保合同向债权人承担赔偿责任后,可以向债务人追偿,或者在承担赔偿责任的范围内,要求有过错的反担保人承担赔偿责任。

担保人可以根据承担赔偿责任的事实对债务人或者反担保人另行提起诉讼。

第十条 主合同解除后,担保人对债务人应当承担的民事责任仍应承担担保责任。但是,担保合同另有约定的除外。

第十一条 法人或者其他组织的法定代表人、负责人超越权限订立的担保合同,除相对人知道或者应当知道其超越权限的以外,该代表行为有效。

第十二条 当事人约定的或者登记部门要求登记的担保期间,对担保物权的存续不具有法律约束力。

担保物权所担保的债权的诉讼时效结束后,担保权人在诉讼时效结束后的二年内行使担保物权的,人民法院应当予以支持。

二、关于保证部分的解释

第十三条 保证合同中约定保证人代为履行非金钱债务的,如果保证人不能实际代为履行,对债权人因此造成的损失,保证人应当承担赔偿责任。

第十四条 不具有完全代偿能力的法人、其他组织或者自然人,以保证人身份订立保证合同后,又以自己没有代偿能力要求免除保证责任的,人民法院不予支持。

第十五条 担保法第七条规定的其他组织主要包括:

(一)依法登记领取营业执照的独资企业、合伙企业;

(二)依法登记领取营业执照的联营企业;

(三)依法登记领取营业执照的中外合作经营企业;

(四)经民政部门核准登记的社会团体;

(五)经核准登记领取营业执照的乡镇、街道、村办企业。

第十六条 从事经营活动的事业单位、社会团体为保证人的,如无其他导致保证合同无效的情况,其所签订的保证合同应当认定为有效。

第十七条 企业法人的分支机构未经法人书面授权提供保证的,保证合同无效。因此给债权人造成损失的,应当根据担保法第五条第二款的规定处理。

企业法人的分支机构经法人书面授权提供保证的, 如果法人的书面授权范围不明, 法人的分支机构应当对保证合同约定的全部债务承担保证责任。

企业法人的分支机构经营管理的财产不足以承担保证责任的,由企业法人承担民事责任。

企业法人的分支机构提供的保证无效后应当承担赔偿责任的,由分支机构经营管理的财产承担。企业法人有过错的,按照担保法第二十九条的规定处理。

第十八条 企业法人的职能部门提供保证的,保证合同无效。债权人知道或者应当知道保证人为企业法人的职能部门的, 因此造成的损失由债权人自行承担。

债权人不知保证人为企业法人的职能部门,因此造成的损失,可以参照担保法第五条第二款的规定和第二十九条的规定处理。

第十九条 两个以上保证人对同一债务同时或者分别提供保证时,各保证人与债权人没有约定保证份额的,应当认定为连带共同保证。

连带共同保证的保证人以其相互之间约定各自承担的份额对抗债权人的,人民法院不予支持。

第二十条 连带共同保证的债务人在主合同规定的债务履行期届满没有履行债务的,债权人可以要求债务人履行债务,也可以要求任何一个保证人承担全部保证责任。

连带共同保证的保证人承担保证责任后, 向债务人不能追偿的部分,由各连带保证人按其内部约定的比例分担。没有约定的,平均分担。

第二十一条 按份共同保证的保证人按照保证合同约定的保证份

额承担保证责任后,在其履行保证责任的范围内对债务人行使追偿权。

第二十二条 第三人单方以书面形式向债权人出具担保书,债权人接受且未提出异议的,保证合同成立。

主合同中虽然没有保证条款,但是,保证人在主合同上以保证人的身份签字或者盖章的,保证合同成立。

第二十三条 最高额保证合同的不特定债权确定后,保证人应当对在最高债权额限度内就一定期间连续发生的债权余额承担保证责任。

第二十四条 一般保证的保证人在主债权履行期间届满后,向债权人提供了债务人可供执行财产的真实情况的,债权人放弃或者怠于行使权利致使该财产不能被执行,保证人可以请求人民法院在其提供可供执行财产的实际价值范围内免除保证责任。

第二十五条 担保法第十七条第三款第(一)项规定的债权人要求债务人履行债务发生的重大困难情形,包括债务人下落不明、移居境外,且无财产可供执行。

第二十六条 第三人向债权人保证监督支付专款专用的,在履行了监督支付专款专用的义务后,不再承担责任。未尽监督义务造成资金流失的,应当对流失的资金承担补充赔偿责任。

第二十七条 保证人对债务人的注册资金提供保证的,债务人的实际投资与注册资金不符,或者抽逃转移注册资金的,保证人在注册资金不足或者抽逃转移注册资金的范围内承担连带保证责任。

第二十八条 保证期间,债权人依法将主债权转让给第三人的,保证债权同时转让,保证人在原保证担保的范围内对受让人承担保证责任。但是保证人与债权人事先约定仅对特定的债权人承担保证责任或者禁止债权转让的,保证人不再承担保证责任。

第二十九条 保证期间,债权人许可债务人转让部分债务未经保证人书面同意的,保证人对未经其同意转让部分的债务,不再承担保证责任。但是,保证人仍应当对未转让部分的债务承担保证责任。

第三十条 保证期间,债权人与债务人对主合同数量、价款、币种、利率等内容作了变动,未经保证人同意的,如果减轻债务人的债务的,保证人仍应当对变更后的合同承担保证责任;如果加重债务人的债务的,保证人对加重的部分不承担保证责任。

债权人与债务人对主合同履行期限作了变动,未经保证人书面同意的,保证期间为原合同约定的或者法律规定的期间。

债权人与债务人协议变动主合同内容,但并未实际履行的,保证人仍应当承担保证责任。

第三十一条 保证期间不因任何事由发生中断、中止、延长的法律后果。

第三十二条 保证合同约定的保证期间早于或者等于主债务履行期限的,视为没有约定,保证期间为主债务履行期届满之日起六个月。

保证合同约定保证人承担保证责任直至主债务本息还清时为止等类似内容的,视为约定不明,保证期间为主债务履行期届满之日起二年。

第三十三条 主合同对主债务履行期限没有约定或者约定不明的,保证期间自债权人要求债务人履行义务的宽限期届满之日起计算。

第三十四条 一般保证的债权人在保证期间届满前对债务人提起诉讼或者申请仲裁的,从判决或者仲裁裁决生效之日起,开始计算保证合同的诉讼时效。

连带责任保证的债权人在保证期间届满前要求保证人承担保证责任的,从债权人要求保证人承担保证责任之日起,开始计算保证合同的诉讼时效。

第三十五条 保证人对已经超过诉讼时效期间的债务承担保证责任或者提供保证的,又以超过诉讼时效为由抗辩的,人民法院不予支持。

第三十六条 一般保证中，主债务诉讼时效中断，保证债务诉讼时效中断；连带责任保证中，主债务诉讼时效中断，保证债务诉讼时效不中断。

一般保证和连带责任保证中，主债务诉讼时效中止的，保证债务的诉讼时效同时中止。

第三十七条 最高额保证合同对保证期间没有约定或者约定不明的，如最高额保证合同约定有保证人清偿债务期限的，保证期间为清偿期限届满之日起六个月。没有约定债务清偿期限的，保证期间自最高额保证终止之日或自债权人收到保证人终止保证合同的书面通知到达之日起六个月。

第三十八条 同一债权既有保证又有第三人提供物的担保的，债权人可以请求保证人或者物的担保人承担担保责任。当事人对保证担保的范围或者物的担保的范围没有约定或者约定不明的，承担了担保责任的担保人，可以向债务人追偿，也可以要求其他担保人清偿其应当分担的份额。

同一债权既有保证又有物的担保的，物的担保合同被确认无效或者被撤销，或者担保物因不可抗力的原因灭失而没有代位物的，保证人仍应当按合同的约定或者法律的规定承担保证责任。

债权人在主合同履行期届满后怠于行使担保物权，致使担保物的价值减少或者毁损、灭失的，视为债权人放弃部分或者全部物的担保。保证人在债权人放弃权利的范围内减轻或者免除保证责任。

第三十九条 主合同当事人双方协议以新贷偿还旧贷，除保证人知道或者应当知道的外，保证人不承担民事责任。

新贷与旧贷系同一保证人的，不适用前款的规定。

第四十条 主合同债务人采取欺诈、胁迫等手段，使保证人在违背真实意思的情况下提供保证的,债权人知道或者应当知道欺诈、胁迫事实的,按照担保法第三十条的规定处理。

第四十一条 债务人与保证人共同欺骗债权人,订立主合同和保证合同的, 债权人可以请求人民法院予以撤销。因此给债权人造成损失的,由保证人与债务人承担连带赔偿责任。

第四十二条 人民法院判决保证人承担保证责任或者赔偿责任的,应当在判决书主文中明确保证人享有担保法第三十一条规定的权利。判决书中未予明确追偿权的,保证人只能按照承担责任的事实,另行提起诉讼。

保证人对债务人行使追偿权的诉讼时效,自保证人向债权人承担责任之日起开始计算。

第四十三条 保证人自行履行保证责任时,其实际清偿额大于主债权范围的,保证人只能在主债权范围内对债务人行使追偿权。

第四十四条 保证期间,人民法院受理债务人破产案件的,债权人既可以向人民法院申报债权,也可以向保证人主张权利。

债权人申报债权后在破产程序中未受清偿的部分, 保证人仍应当承担保证责任。债权人要求保证人承担保证责任的,应当在破产程序终结后六个月内提出。

第四十五条 债权人知道或者应当知道债务人破产,既未申报债权也未通知保证人,致使保证人不能预先行使追偿权的,保证人在该债权在破产程序中可能受偿的范围内免除保证责任。

第四十六条 人民法院受理债务人破产案件后,债权人未申报债权的,各连带共同保证的保证人应当作为一个主体申报债权,预先行使追偿权。

三、关于抵押部分的解释

第四十七条 以依法获准尚未建造的或者正在建造中的房屋或者

其他建筑物抵押的,当事人办理了抵押物登记,人民法院可以认定抵押有效。

第四十八条 以法定程序确认为违法、违章的建筑物抵押的,抵押无效。

第四十九条 以尚未办理权属证书的财产抵押的,在第一审法庭辩论终结前能够提供权利证书或者补办登记手续的,可以认定抵押有效。

当事人未办理抵押物登记手续的,不得对抗第三人。

第五十条 以担保法第三十四条第一款所列财产一并抵押的,抵押财产的范围应当以登记的财产为准。抵押财产的价值在抵押权实现时予以确定。

第五十一条 抵押人所担保的债权超出其抵押物价值的,超出的部分不具有优先受偿的效力。

第五十二条 当事人以农作物和与其尚未分离的土地使用权同时抵押的,土地使用权部分的抵押无效。

第五十三条 学校、幼儿园、医院等以公益为目的的事业单位、社会团体,以其教育设施、医疗卫生设施和其他社会公益设施以外的财产为自身债务设定抵押的,人民法院可以认定抵押有效。

第五十四条 按份共有人以其共有财产中享有的份额设定抵押的,抵押有效。

共同共有人以其共有财产设定抵押,未经其他共有人的同意,抵押无效。但是,其他共有人知道或者应当知道而未提出异议的视为同意,抵押有效。

第五十五条 已经设定抵押的财产被采取查封、扣押等财产保全或者执行措施的,不影响抵押权的效力。

第五十六条 抵押合同对被担保的主债权种类、抵押财产没有约定或者约定不明,根据主合同和抵押合同不能补正或者无法推定的,抵押不成立。

法律规定登记生效的抵押合同签订后，抵押人违背诚实信用原则拒绝办理抵押登记致使债权人受到损失的，抵押人应当承担赔偿责任。

第五十七条 当事人在抵押合同中约定，债务履行期届满抵押权人未受清偿时，抵押物的所有权转移为债权人所有的内容无效。该内容的无效不影响抵押合同其他部分内容的效力。

债务履行期届满后抵押权人未受清偿时，抵押权人和抵押人可以协议以抵押物折价取得抵押物。但是，损害顺序在后的担保物权人和其他债权人利益的，人民法院可以适用合同法第七十四条、第七十五条的有关规定。

第五十八条 当事人同一天在不同的法定登记部门办理抵押物登记的，视为顺序相同。

因登记部门的原因致使抵押物进行连续登记的，抵押物第一次登记的日期，视为抵押登记的日期，并依此确定抵押权的顺序。

第五十九条 当事人办理抵押物登记手续时，因登记部门的原因致使其无法办理抵押物登记，抵押人向债权人交付权利凭证的，可以认定债权人对该财产有优先受偿权。但是，未办理抵押物登记的，不得对抗第三人。

第六十条 以担保法第四十二条第(二)项规定的不动产抵押的，县级以上地方人民政府对登记部门未作规定，当事人在土地管理部门或者房产管理部门办理了抵押物登记手续，人民法院可以确认其登记的效力。

第六十一条 抵押物登记记载的内容与抵押合同约定的内容不一致的，以登记记载的内容为准。

第六十二条 抵押物因附合、混合或者加工使抵押物的所有权为第三人所有的，抵押权的效力及于补偿金；抵押物所有人为附合物、混合物或者加工物的所有人的,抵押权的效力及于附合物、混合物或者加工物;第三人与抵押物所有人为附合物、混合物或者加工物的共有人的,抵押权的效力及于抵押人对共有物享有的份额。

第六十三条 抵押权设定前为抵押物的从物的,抵押权的效力及于抵押物的从物。但是,抵押物与其从物为两个以上的人分别所有时,抵押权的效力不及于抵押物的从物。

第六十四条 债务履行期届满,债务人不履行债务致使抵押物被人民法院依法扣押的,自扣押之日起抵押权人收取的由抵押物分离的天然孳息和法定孳息,按照下列顺序清偿:

(一)收取孳息的费用;

(二)主债权的利息;

(三)主债权。

第六十五条 抵押人将已出租的财产抵押的,抵押权实现后,租赁合同在有效期内对抵押物的受让人继续有效。

第六十六条 抵押人将已抵押的财产出租的,抵押权实现后,租赁合同对受让人不具有约束力。

抵押人将已抵押的财产出租时,如果抵押人未书面告知承租人该财产已抵押的,抵押人对出租抵押物造成承租人的损失承担赔偿责任;如果抵押人已书面告知承租人该财产已抵押的,抵押权实现造成承租人的损失,由承租人自己承担。

第六十七条 抵押权存续期间,抵押人转让抵押物未通知抵押权人或者未告知受让人的,如果抵押物已经登记的,抵押权人仍可以行使抵押权;取得抵押物所有权的受让人,可以代替债务人清偿其全部债务,使抵押权消灭。受让人清偿债务后可以向抵押人追偿。

如果抵押物未经登记的,抵押权不得对抗受让人,因此给抵押权人造成损失的,由抵押人承担赔偿责任。

第六十八条 抵押物依法被继承或者赠予的,抵押权不受影响。

第六十九条 债务人有多个普通债权人的,在清偿债务时,债务人与其中一个债权人恶意串通,将其全部或者部分财产抵押给该债权人,因此丧失了履行其他债务的能力,损害了其他债权人的合法权益,受损害的其他债权人可以请求人民法院撤销该抵押行为。

第七十条 抵押人的行为足以使抵押物价值减少的,抵押权人请求抵押人恢复原状或提供担保遭到拒绝时,抵押权人可以请求债务人履行债务,也可以请求提前行使抵押权。

第七十一条 主债权未受全部清偿的,抵押权人可以就抵押物的全部行使其抵押权。

抵押物被分割或者部分转让的,抵押权人可以就分割或者转让后的抵押物行使抵押权。

第七十二条 主债权被分割或者部分转让的,各债权人可以就其享有的债权份额行使抵押权。

主债务被分割或者部分转让的,抵押人仍以其抵押物担保数个债务人履行债务。但是,第三人提供抵押的,债权人许可债务人转让债务未经抵押人书面同意的,抵押人对未经其同意转让的债务,不再承担担保责任。

第七十三条 抵押物折价或者拍卖、变卖该抵押物的价款低于抵押权设定时约定价值的,应当按照抵押物实现的价值进行清偿。不足清偿的剩余部分,由债务人清偿。

第七十四条 抵押物折价或者拍卖、变卖所得的价款,当事人没有约定的,按下列顺序清偿:

(一)实现抵押权的费用;

(二)主债权的利息;

(三)主债权。

第七十五条 同一债权有两个以上抵押人的,债权人放弃债务人提供的抵押担保的,其他抵押人可以请求人民法院减轻或者免除其应当承担的担保责任。

同一债权有两个以上抵押人的,当事人对其提供的抵押财产所担保的债权份额或者顺序没有约定或者约定不明的,抵押权人可以就其中任一或者各个财产行使抵押权。

抵押人承担担保责任后,可以向债务人追偿,也可以要求其他抵押人清偿其应当承担的份额。

第七十六条 同一动产向两个以上债权人抵押的,当事人未办理抵押物登记,实现抵押权时,各抵押权人按照债权比例受偿。

第七十七条 同一财产向两个以上债权人抵押的,顺序在先的抵押权与该财产的所有权归属一人时,该财产的所有权人可以以其抵押权对抗顺序在后的抵押权。

第七十八条 同一财产向两个以上债权人抵押的,顺序在后的抵押权所担保的债权先到期的,抵押权人只能就抵押物价值超出顺序在先的抵押担保债权的部分受偿。

顺序在先的抵押权所担保的债权先到期的,抵押权实现后的剩余价款应予提存,留待清偿顺序在后的抵押担保债权。

第七十九条 同一财产法定登记的抵押权与质权并存时,抵押权人优先于质权人受偿。

同一财产抵押权与留置权并存时,留置权人优先于抵押权人受偿。

第八十条 在抵押物灭失、毁损或者被征用的情况下,抵押权人可以就该抵押物的保险金、赔偿金或者补偿金优先受偿。

抵押物灭失、毁损或者被征用的情况下,抵押权所担保的债权未届清偿期的,抵押权人可以请求人民法院对保险金、赔偿金或补偿金等采取保全措施。

第八十一条 最高额抵押权所担保的债权范围,不包括抵押物因财产保全或者执行程序被查封后或债务人、抵押人破产后发生的债权。

第八十二条 当事人对最高额抵押合同的最高限额、最高额抵押期间进行变更,以其变更对抗顺序在后的抵押权人的,人民法院不予支持。

第八十三条 最高额抵押权所担保的不特定债权,在特定后,债权已届清偿期的,最高额抵押权人可以根据普通抵押权的规定行使其抵押权。

抵押权人实现最高额抵押权时,如果实际发生的债权余额高于最高限额的,以最高限额为限,超过部分不具有优先受偿的效力;如果实际发生的债权余额低于最高限额的,以实际发生的债权余额为限对抵押物优先受偿。

四、关于质押部分的解释

(一)动产质押

第八十四条 出质人以其不具有所有权但合法占有的动产出质的,不知出质人无处分权的质权人行使质权后,因此给动产所有人造成损失的,由出质人承担赔偿责任。

第八十五条 债务人或者第三人将其金钱以特户、封金、保证金等形式特定化后,移交债权人占有作为债权的担保,债务人不履行债务时,债权人可以以该金钱优先受偿。

第八十六条 债务人或者第三人未按质押合同约定的时间移交质物的,因此给质权人造成损失的,出质人应当根据其过错承担赔偿责任。

第八十七条 出质人代质权人占有质物的,质押合同不生效;质权人将质物返还于出质人后,以其质权对抗第三人的,人民法院不予支持。

因不可归责于质权人的事由而丧失对质物的占有，质权人可以向不当占有人请求停止侵害、恢复原状、返还质物。

第八十八条 出质人以间接占有的财产出质的，质押合同自书面通知送达占有人时视为移交。占有人收到出质通知后，仍接受出质人的指示处分出质财产的，该行为无效。

第八十九条 质押合同中对质押的财产约定不明，或者约定的出质财产与实际移交的财产不一致的，以实际交付占有的财产为准。

第九十条 质物有隐蔽瑕疵造成质权人其他财产损害的，应由出质人承担赔偿责任。但是，质权人在质物移交时明知质物有瑕疵而予以接受的除外。

第九十一条 动产质权的效力及于质物的从物。但是，从物未随同质物移交质权人占有的，质权的效力不及于从物。

第九十二条 按照担保法第六十九条的规定将质物提存的，质物提存费用由质权人负担；出质人提前清偿债权的，应当扣除未到期部分的利息。

第九十三条 质权人在质权存续期间，未经出质人同意，擅自使用、出租、处分质物，因此给出质人造成损失的，由质权人承担赔偿责任。

第九十四条 质权人在质权存续期间，为担保自己的债务，经出质人同意，以其所占有的质物为第三人设定质权的，应当在原质权所担保的债权范围之内，超过的部分不具有优先受偿的效力。转质权的效力优于原质权。

质权人在质权存续期间，未经出质人同意，为担保自己的债务，在其所占有的质物上为第三人设定质权的无效。质权人对因转质而发生的损害承担赔偿责任。

第九十五条 债务履行期届满质权人未受清偿的，质权人可以继续留置质物，并以质物的全部行使权利。出质人清偿所担保的债权后，质权人应当返还质物。

债务履行期届满，出质人请求质权人及时行使权利，而质权人怠于行使权利致使质物价格下跌的，由此造成的损失，质权人应当承担赔偿责任。

第九十六条 本解释第五十七条、第六十二条、第六十四条、第七十一条、第七十二条、第七十三条、第七十四条、第八十条之规定，适用于动产质押。

(二)权利质押

第九十七条 以公路桥梁、公路隧道或者公路渡口等不动产收益权出质的，按照担保法第七十五条第(四)项的规定处理。

第九十八条 以汇票、支票、本票出质，出质人与质权人没有背书记载"质押"字样，以票据出质对抗善意第三人的，人民法院不予支持。

第九十九条 以公司债券出质的，出质人与质权人没有背书记载"质押"字样，以债券出质对抗公司和第三人的，人民法院不予支持。

第一百条 以存款单出质的，签发银行核押后又受理挂失并造成存款流失的，应当承担民事责任。

第一百零一条 以票据、债券、存款单、仓单、提单出质的，质权人再转让或者质押的无效。

第一百零二条 以载明兑现或者提货日期的汇票、支票、本票、债券、存款单、仓单、提单出质的，其兑现或者提货日期后于债务履行期的，质权人只能在兑现或者提货日期届满时兑现款项或者提取货物。

第一百零三条 以股份有限公司的股份出质的，适用《中华人民共和国公司法》有关股份转让的规定。

以上市公司的股份出质的，质押合同自股份出质向证券登记机构办理出质登记之日起生效。

以非上市公司的股份出质的，质押合同自股份出质记载于股东名册之日起生效。

第一百零四条 以依法可以转让的股份、股票出质的,质权的效力及于股份、股票的法定孳息。

第一百零五条 以依法可以转让的商标专用权,专利权、著作权中的财产权出质的, 出质人未经质权人同意而转让或者许可他人使用已出质权利的,应当认定为无效。因此给质权人或者第三人造成损失的,由出质人承担民事责任。

第一百零六条 质权人向出质人、出质债权的债务人行使质权时,出质人、出质债权的债务人拒绝的,质权人可以起诉出质人和出质债权的债务人,也可以单独起诉出质债权的债务人。

五、关于留置部分的解释

第一百零七条 当事人在合同中约定排除留置权,债务履行期届满,债权人行使留置权的,人民法院不予支持。

第一百零八条 债权人合法占有债务人交付的动产时,不知债务人无处分该动产的权利,债权人可以按照担保法第八十二条的规定行使留置权。

第一百零九条 债权人的债权已届清偿期,债权人对动产的占有与其债权的发生有牵连关系,债权人可以留置其所占有的动产。

第一百一十条 留置权人在债权未受全部清偿前,留置物为不可分物的,留置权人可以就其留置物的全部行使留置权。

第一百一十一条 债权人行使留置权与其承担的义务或者合同的特殊约定相抵触的,人民法院不予支持。

第一百一十二条 债权人的债权未届清偿期, 其交付占有标的物的义务已届履行期的,不能行使留置权。但是,债权人能够证明债务人无支付能力的除外。

第一百一十三条 债权人未按担保法第八十七条规定的期限通知债务人履行义务,直接变价处分留置物的,应当对此造成的损失承担赔偿责任。债权人与债务人按照担保法第八十七条的规定在合同中约定宽限期的,债权人可以不经通知,直接行使留置权。

第一百一十四条 本解释第六十四条、第八十条、第八十七条、第九十一条、第九十三条的规定,适用于留置。

六、关于定金部分的解释

第一百一十五条 当事人约定以交付定金作为订立主合同担保的,给付定金的一方拒绝订立主合同的,无权要求返还定金;收受定金的一方拒绝订立合同的,应当双倍返还定金。

第一百一十六条 当事人约定以交付定金作为主合同成立或者生效要件的,给付定金的一方未支付定金,但主合同已经履行或者已经履行主要部分的,不影响主合同的成立或者生效。

第一百一十七条 定金交付后,交付定金的一方可以按照合同的约定以丧失定金为代价而解除主合同,收受定金的一方可以双倍返还定金为代价而解除主合同。对解除主合同后责任的处理,适用《中华人民共和国合同法》的规定。

第一百一十八条 当事人交付留置金、担保金、保证金、订约金、押金或者订金等,但没有约定定金性质的,当事人主张定金权利的,人民法院不予支持。

第一百一十九条 实际交付的定金数额多于或者少于约定数额,视为变更定金合同;收受定金一方提出异议并拒绝接受定金的,定金合同不生效。

第一百二十条 因当事人一方迟延履行或者其他违约行为,致使合同目的不能实现,可以适用定金罚则。但法律另有规定或者当事人另有约定的除外。

当事人一方不完全履行合同的，应当按照未履行部分所占合同约定内容的比例，适用定金罚则。

第一百二十一条　当事人约定的定金数额超过主合同标的额百分之二十的，超过的部分，人民法院不予支持。

第一百二十二条　因不可抗力、意外事件致使主合同不能履行的，不适用定金罚则。因合同关系以外第三人的过错，致使主合同不能履行的，适用定金罚则。受定金处罚的一方当事人，可以依法向第三人追偿。

七、关于其他问题的解释

第一百二十三条　同一债权上数个担保物权并存时，债权人放弃债务人提供的物的担保的，其他担保人在其放弃权利的范围内减轻或者免除担保责任。

第一百二十四条　企业法人的分支机构为他人提供保证的，人民法院在审理保证纠纷案件中可以将该企业法人作为共同被告参加诉讼。但是商业银行、保险公司的分支机构提供保证的除外。

第一百二十五条　一般保证的债权人向债务人和保证人一并提起诉讼的，人民法院可以将债务人和保证人列为共同被告参加诉讼。但是，应当在判决书中明确在对债务人财产依法强制执行后仍不能履行债务时，由保证人承担保证责任。

第一百二十六条　连带责任保证的债权人可以将债务人或者保证人作为被告提起诉讼，也可以将债务人和保证人作为共同被告提起诉讼。

第一百二十七条　债务人对债权人提起诉讼，债权人提起反诉的，保证人可以作为第三人参加诉讼。

第一百二十八条　债权人向人民法院请求行使担保物权时，债务人和担保人应当作为共同被告参加诉讼。

同一债权既有保证又有物的担保的，当事人发生纠纷提起诉讼的，债务人与保证人、抵押人或者出质人可以作为共同被告参加诉讼。

第一百二十九条 主合同和担保合同发生纠纷提起诉讼的，应当根据主合同确定案件管辖。担保人承担连带责任的担保合同发生纠纷，债权人向担保人主张权利的，应当由担保人住所地的法院管辖。

主合同和担保合同选择管辖的法院不一致的，应当根据主合同确定案件管辖。

第一百三十条 在主合同纠纷案件中，对担保合同未经审判，人民法院不应当依据对主合同当事人所作出的判决或者裁定，直接执行担保人的财产。

第一百三十一条 本解释所称"不能清偿"指对债务人的存款、现金、有价证券、成品、半成品、原材料、交通工具等可以执行的动产和其他方便执行的财产执行完毕后，债务仍未能得到清偿的状态。

第一百三十二条 在案件审理或者执行程序中，当事人提供财产担保的，人民法院应当对该财产的权属证书予以扣押，同时向有关部门发出协助执行通知书，要求其在规定的时间内不予办理担保财产的转移手续。

第一百三十三条 担保法施行以前发生的担保行为，适用担保行为发生时的法律、法规和有关司法解释。

担保法施行以后因担保行为发生的纠纷案件，在本解释公布施行前已经终审，当事人申请再审或者按审判监督程序决定再审的，不适用本解释。

担保法施行以后因担保行为发生的纠纷案件，在本解释公布施行后尚在一审或二审阶段的，适用担保法和本解释。

第一百三十四条 最高人民法院在担保法施行以前做出的有关担保问题的司法解释，与担保法和本解释相抵触的，不再适用。